Culture Publique

Culture Publique, à paraître :

OPUS 3. *La Modernisation de l'action publique*
avril 2005

OPUS 4. *La Culture en partage*
juin 2005

Culture Publique, déjà paru :

OPUS 1. *« L'Imagination au pouvoir »*

ERRATA OPUS 1 :
p. 199 : le texte de Geneviève Fraisse est intitulé : *Le Sommeil des muses.* Nous prions l'auteure de bien vouloir nous excuser pour cette erreur de transcription.
NB : titre également choisi en souvenir du colloque « Manières de voir, manières d'aimer », pour l'exposition *Féminin-Masculin,* Centre Pompidou, février 1996.
p. 19 : le colloque de l'Unesco à l'occasion duquel François Mitterrand prononça une allocution le 19 mars 1981, eut lieu à Paris.

Culture Publique, opus 2
Les Visibles manifestes

(mouvement)SKITe / sens&tonka

coédition (mouvement)SKITe - sens&tonka
avec l'aide de l'IMEC – Institut Mémoires de l'édition contemporaine
www.mouvement.net/culturepublique

(mouvement)SKITe
6, rue Desargues
75011 Paris (France)

sens&tonka
99, rue du Faubourg-du-Temple
75010 Paris (France)

ISBN 2-84534-116-4

introduction

1981 : *« L'Imagination au pouvoir »*
La culture du changement tutoie le désir d'*aggiornamento* culturel. L'économie politique de la rupture se doit d'inaugurer la promesse d'une politique culturelle à la mesure des habits d'un Président que l'on dépeint vite comme un « artiste en politique ».

21 avril 2002
La « fracture sociale » ne suffit plus à dire les maux de cette société. S'ouvre le chapitre de la « fracture culturelle » et des soupçons qui l'accompagnent. Inefficacité des formes artistiques et des dispositifs culturels produits ? Hermétisme de pans entiers de la société à la circulation du « sens » et de l'imaginaire ?

Juin 2003
Alors que le Medef se révèle l'inspirateur direct de la politique gouvernementale, les intermittents du spectacle voient leur avenir liquidé sur l'autel du travail non marchand ; alors que la notion de « politique culturelle » se trouve bannie au sein même de la commission culture du Parlement européen, le futur traité européen « omet » de mentionner la culture parmi les objectifs fondamentaux de l'Union européenne. Bienvenue dans le monde des affaires (culturelles), des biens et des services…

Octobre 2004
Depuis l'été 2003, la politique culturelle est revenue sous les feux de la rampe. Feux brûlants du dossier des intermittents, petits feux de la vieille exception culturelle... Au regard de cette actualité pour le moins inquiétante, ses lendemains sont apparus – et apparaissent malheureusement encore – incertains, ses artisans en péril, ses fondations en crise.
La collection *Culture publique* appartient à cette histoire vive. Son élaboration s'est peu à peu constituée à l'épreuve d'une actualité menaçante, et sa raison s'est définie à l'aune d'un combat auquel, par ailleurs, chacun des membres du comité éditorial participe à sa manière. Toutefois, il nous semblait que, pour mieux agir dans la proximité de l'espace-temps de l'actualité, il devenait urgent de voir de loin et de nourrir nos questionnements d'une histoire longue toujours à construire. La politique culturelle n'est pas qu'un objet du présent incertain, celui des décideurs plus ou moins éphémères, celui des acteurs plus ou moins menacés de disparition. Elle est épaisse d'un temps de germination et d'expérimentations constitué en héritage aujourd'hui: des prémices de sa conceptualisation sous l'éphémère ministère des Arts d'Antonin Proust en 1881 à son large développement au sein des collectivités locales sous le mandat de Jacques Duhamel, en passant par son enracinement dans une administration centrale avec le ministère des Affaires culturelles d'André Malraux.
Toutefois, l'accession de la gauche au pouvoir en 1981 et la nomination de Jack Lang au ministère de la Culture semblent ouvrir une nouvelle ère. La culture est alors instituée au rang de question politique majeure. Le fonds d'archives récemment déposé par Jack Lang auprès de l'Imec (Institut Mémoires de l'édition contemporaine) permet notamment de revisiter cette histoire récente qu'il convient aujourd'hui de mettre à la question. C'est l'entrelacs de ces histoires qui doit, nous semble-t-il, résider au cœur du débat contemporain. *[...]*

Collection d'essais documentaires, *Culture publique* a ainsi été pensée comme un outil souple et réactif, et néanmoins comme un objet complexe ouvrant sur une histoire en sédiments au cœur de laquelle nombre de questions d'aujourd'hui trouvent pour une part leur source. C'est pourquoi chacun des opus se compose de contributions sollicitées auprès d'acteurs et de témoins d'aujourd'hui comme d'hier et de documents d'archives qui invitent le lecteur à retraverser une mémoire enfouie, mais encore agissante, de la politique culturelle contemporaine. C'est notamment l'activation de cette mémoire, afin qu'elle ne reste pas lettre morte, que vise cette collection.

Morceaux triés, plus que « morceaux choisis » au sens canonique du terme, divers documents d'archives sont là pour dire l'écart type de la langue et du sens de cette action politique et donner une idée de la palette du matériau historique à l'état brut. Ils dessinent un nuage de traces, éclats de temps mis en mots, parfois en musique si l'on considère la variété des régimes de la langue. C'est ainsi une invitation à résonances qui est proposée au lecteur, comme ce fut le cas pour nos contributeurs sollicités toutefois à partir d'un corpus plus important. Encore faut-il pouvoir considérer ces éléments dénudés pour ce qu'ils sont.

Sans chercher à dénaturer cette confrontation avec les sources, cette rencontre sera alors accompagnée afin de permettre à chacun de saisir le lieu et les destinataires de ces paroles, de faire tomber les masques d'un discours pouvant parfois paraître suranné. Quant à ceux dont la substance et la vocation sont vouées aux alcôves du pouvoir – les notes du ministre Jack Lang au président François Mitterrand –, nous en livrons une salve hétéroclite et significative à la fois, non pour satisfaire aux appétits fétichistes mais pour situer un moment de l'élaboration de la pensée et du discours politique propres aux acteurs en question. Néanmoins, il convient de souligner que l'échantillon est partiel comme partial et de rappeler que ces notes sont produites quotidiennement en grand nombre. En outre, n'en sont ici publiées que quelques-unes adressées au président de la République, à l'exclusion de celles qui sont adressées au Premier ministre ou aux autres membres du gouvernement, qui sont tout aussi foisonnantes. En tout état de cause, ces notes témoignent de la volonté de délimiter un espace de déploiement politique et rendent compte des efforts de traduction en actes des promesses qui affleurent sur la scène publique. Elles disent au final davantage la difficulté, la frustration et l'effacement rapide des illusions après la conquête du pouvoir. Elles portent ainsi témoignage de l'autre face de ce que les mots ouverts des grands discours ont notamment pour vocation de masquer.

L'opus 1 inaugure une série de publications à travers lesquelles l'épopée culturelle est questionnée de manière transversale au-delà des strictes compartimentations sectorielles qui structurent l'action publique (arts plastiques, théâtre, danse...). Intitulé « *L'Imagination au pouvoir* », ce premier opus vise à questionner le tournant des années 1980 et les promesses qui fondent la politique culturelle envisagée alors. Formule emblème, ressuscitée de 1968, d'une action publique inédite ? Simple rhétorique institutionnelle relevant d'une mise en scène de la rupture ? Les différents contributeurs sont invités à démêler l'écheveau et à questionner sans concession l'institutionnalisation de la culture en tant qu'enjeu politique central. *[...]*

Janvier 2005

Le présent opus, intitulé *Les Visibles manifestes*, poursuit l'aventure éditoriale et centre le questionnement sur le spectacle orchestré sous l'égide de la politique culturelle contemporaine. En plus de vingt ans, les formes culturelles ont foisonné sur le territoire : monuments, bâtiments culturels, événements festifs, grands travaux, etc. De quoi ces monstrations font-elles la démonstration ? Faut-il y voir l'incarnation d'un vitalisme culturel retrouvé, profession de foi inaugurale de la politique contemporaine ? Faut-il y deviner la perpétuation de l'État spectacle sous les oripeaux de la modernité ? Faut-il y scruter les éléments épars d'une utopie physique en élaboration, manifestation éclatante de la promesse de rupture formulée au tournant des années 1980 ?

C'est un parcours du regard qui guidera le questionnement, abordant la thématique des « visibles manifestes » selon deux postures distinctes : se déplaçant d'abord selon l'axe vertical de la généalogie des formes contemporaines, le regard balaiera ensuite à l'horizontale le paysage que dessinent aujourd'hui les visibles de la culture.

Sous la rubrique « radiographie », il s'agit d'explorer les grands axes d'une politique visant la transfiguration de l'espace – culturel, territorial, politique. De l'effusion inaugurale de la victoire politique à la célébration historique de la Révolution française, de la conjuration du désert culturel français aux gestes de pierre réécrivant le territoire de la capitale comme de la périphérie, le spectacle se veut total et se manifeste telle une métaphore de la révolution politique en marche. Comment comprendre ces gestes et figures contemporains à l'aune de l'histoire longue dans laquelle ils s'inscrivent ?

Sous la rubrique « photographie », il s'agit, dans un second temps, d'éprouver les formes produites et de parcourir le portrait que composent aujourd'hui les visibles de la culture. Le questionnement s'attardera alors sur quelques exemples clés d'une éclosion qui se veut protéiforme : du cas de la Bibliothèque François-Mitterrand, où se cristallise le débat autour de la question des grands travaux, à la fête de la Musique, où est censée se rejouer, annuellement, la communion rituelle, en passant par la commande publique en arts plastiques à travers laquelle le réensemencement du territoire semble à l'épreuve.

Cet état des lieux s'inaugurera par un voyage au cœur de territoires à échelles variables : de Paris au village provençal, de la mégapole à vocation européenne à la capitale de province, quels enjeux résident au fond de la mise en scène de visibles manifestes ?

La méthode de travail demeure identique à celle qui a été développée dans le premier opus : confrontation de sources, mise en regard d'objets disparates, déstructuration des cadres légitimes de la réflexion sur la politique culturelle. L'horizon reste également le même : proposer au lecteur un paysage problématique, constituer un objet-matière à penser qui permette de garder vif le questionnement, élaborer une parole qui ne se donne pas comme résultat mais comme processus d'une pensée en action. En ligne de mire peut-être une question : quels espaces politiques dessinent les visibles culturels contemporains ?

1.

radiographie

« Messieurs les présidents… » / L'appel de la vie /
« Mesdames et messieurs… » / « La fête ou
la culture comme art de vivre » / *Res publicae,
res festae* / « Cette émission sera,
dans sa première partie, consacrée à ce que
l'on a appelé les grands travaux du président… » /
« Des projets ruineux à la gloire d'un pharaon » /
« Les chantiers de Paris » / Les grands travaux,
de l'absence en hauts lieux

geste

Fiat lux, ma non troppo.

Ce premier discours officiel du président Mitterrand est un modèle de sobriété et de retenue si l'on songe aux ivresses du 10 mai et aux réactions déchaînées par la droite républicaine. En effet, à lire le courrier des lecteurs du Figaro *de l'époque, on pourrait croire que la moitié de la France pense durablement demander l'asile politique à la Suisse. Pourtant, Mitterrand instille du sens et, avec précision, entreprend la conversion des concepts et référents à l'exercice de la fonction présidentielle. La « majorité sociale » se substitue au « peuple de gauche ». S'invite de même sur la scène des référents patrimoniaux la Libération, plus familière aux envolées gaulliennes ou communistes que socialistes. Sans doute Mitterrand pressent-il que, dans une « monarchie républicaine » dépeinte par ses soins dans* Le Coup d'État permanent, *la légitimité des urnes se doit d'être étoffée par la légitimité symbolique des référents.*

François Mitterrand

« Messieurs les présidents... »

Discours d'investiture du président de la République, 21 mai 1981.

« Messieurs les présidents,
Mesdames, mesdemoiselles, messieurs,

En ce jour où je prends possession de la plus haute charge, je pense à ces millions de femmes et d'hommes, ferment de notre peuple qui, deux siècles durant, dans la paix et la guerre, par le travail et par le sang, ont façonné l'histoire de France, sans y avoir accès autrement que par de brèves et glorieuses fractures de notre société.
C'est en leur nom d'abord que je parle, fidèle à l'enseignement de Jaurès, alors que, troisième étape d'un long cheminement, après le Front populaire et la Libération, la majorité politique des Français démocratiquement exprimée vient de s'identifier à sa majorité sociale.
Il est dans la nature d'une grande nation de concevoir de grands desseins. Dans le monde d'aujourd'hui, quelle plus haute exigence pour notre pays que de réaliser la nouvelle alliance du socialisme et de la liberté ? Quelle plus belle ambition que de l'offrir au monde de demain ? C'est, en tout cas, l'idée que je m'en fais et la volonté qui me porte, assuré qu'il ne peut y avoir d'ordre et de sécurité là où règnerait l'injustice, gouvernerait l'intolérance. C'est convaincre qui m'importe et non vaincre.
Il n'y a eu qu'un vainqueur le 10 mai 1981, c'est l'espoir. Puisse-t-il

devenir la chose de France la mieux partagée ! Pour cela j'avancerai sans jamais me lasser sur le chemin du pluralisme, confrontation des différences dans le respect d'autrui. Président de tous les Français, je veux les rassembler pour les grandes causes qui nous attendent et créer en toutes circonstances les conditions d'une véritable communauté nationale.

J'adresse mes vœux personnels à M. Valéry Giscard d'Estaing. Mais ce n'est pas seulement d'un homme à l'autre que s'effectue cette passation de pouvoirs, c'est tout un peuple qui doit se sentir appelé à exercer les pouvoirs qui sont, en vérité, les siens.

De même, si nous projetons notre regard hors de nos frontières, comment ne pas mesurer le poids des rivalités d'intérêts et les risques que font peser sur la paix de multiples affrontements. La France aura à dire avec force qu'il ne saurait y avoir de véritable communauté internationale tant que les deux tiers de la planète continueront d'échanger leurs hommes et leurs biens contre la faim et le mépris.

Une France juste et solidaire qui entend vivre en paix avec tous peut éclairer la marche de l'humanité. À cette fin, elle doit d'abord compter sur elle-même. J'en appelle ici à tous ceux qui ont choisi de servir l'État. Je compte sur le concours de leur intelligence, de leur expérience et de leur dévouement.

À toutes les Françaises et à tous les Français, au-delà de cette salle, je dis : Ayons confiance et foi dans l'avenir.

Vive la République.
Vive la France ! »

C'est en véritable maître de cérémonie que le ministre Lang signe ici cette introduction de la brochure éditée par le parti socialiste, le 2 octobre 1981, pour célébrer la victoire du 10 mai. Convoqué à l'Élysée au lendemain du 10 mai, il fut en effet chargé de présider à l'organisation de la cérémonie du Panthéon, avant même d'être nommé ministre de la Culture. L'emphase lyrique sur l'universel du 10 mai célèbre et prolonge la mise en scène de la rupture, dont Jack Lang se fait ici le thuriféraire.

Jack Lang
L'appel de la vie

Texte signé du 2 octobre 1981 en introduction à L'Album du 10 mai, *Club socialiste du livre.*

Invitation à la vigilance des consciences, la préface de Brecht à *L'Exception et la Règle* figure au rang des textes aujourd'hui classiques à placer sous la rubrique « Relire chaque fois que l'esprit s'endort ». Sa saveur décapante garde toute sa fraîcheur.

« Nous allons vous rapporter
« L'histoire d'un voyage. Un exploiteur
« Et deux exploités l'entreprennent.
« Observez bien le comportement de ces gens :
« Trouvez-le surprenant, même s'il n'est pas singulier
« Inexplicable, même s'il est ordinaire
« Incompréhensible, même s'il est la règle.
« ....
« Nous vous en prions instamment :
« Ne trouvez pas naturel ce qui se produit sans cesse !
« ....
« Rien ne soit dit naturel, afin que rien
« Ne passe pour immuable. »

Naturel – donc immuable –, l'ordre capitaliste ! Naturel – donc immuable –, le pouvoir de la droite ! Naturel – donc immuable –, le maintien des privilèges ! Naturels – donc immuables –, l'abaissement de la France, la misère du tiers-monde, les inégalités sociales, la crise économique !

Caricature ? C'était – l'a-t-on oublié ? – la pensée régnante avant le 10 mai. Assurés de l'immortalité de leurs babillages, pingouins et babouins de gazettes et des ondes s'ébattaient fièrement juchés sur le roc de leurs certitudes et prophétisaient la défaite de la gauche. Becs ou museaux collés aux miroirs de leurs éditoriaux, ils se cognaient à la myopie de leurs regards entrecroisés. Leur infirmité : une inaptitude à comprendre qu'il faut « donner le temps au temps [1] » – temps de la fécondation, temps de la maturation, temps de l'éclosion. Les fruits mûrissent-ils en un seul jour ? Aussi ne pouvaient-ils comprendre que chaque prétendu échec de la gauche – 1965, 1974 ou 1978 – était en réalité un pas en avant vers la victoire. Peu d'entre eux s'avisaient que la longue marche de François Mitterrand – « il avance d'un pas tranquille », observait déjà Mauriac – était une marche ascendante. Quand bien même les hommes de peu de foi lui crachaient au visage ou le lacéraient de pierres, il poursuivait son chemin sans jamais redouter ni les pièges ni les tempêtes. Rares étaient ceux qui, le 8 novembre 1980, jour de l'annonce de la candidature de François Mitterrand, s'aventuraient à pressentir que, secrètement et calmement, le peuple français s'apprêtait à faire peau neuve. Qui aurait pu le croire ? Les blasés de profession avaient solidement barré la route de l'espoir.

La pédagogie d'une existence vaut plus que les programmes les plus flambants. La morale des actes pèse davantage que l'éthique des discours. Autant qu'un itinéraire de vie, la voie aride choisie par

1. Expression utilisée par François Mitterrand dans son discours au Symposium international pour la science et la culture, prononcé à l'Unesco le 19 mars 1981.

François Mitterrand est un manifeste culturel pour la société à construire. Il proclame l'exigence de la rigueur, la force de la volonté humaine, la nécessité de s'écarter des voies de la facilité. Il annonce la libération des énergies, la reconquête de soi-même, la maîtrise de notre destin collectif. Il montre la conduite à tenir : résister aux modes et aux vogues, semer les conceptions les plus neuves même contre les vents hostiles ; regarder grand et loin pour s'arracher à l'attraction des idées reçues.

C'est ce message-là que les citoyens ont perçu le 10 mai en abolissant l'ordre « naturel » des choses. C'est cette conception même de la vie qui leur a inspiré l'acte sacrilège.

Oui, un acte sacrilège, tant l'arrogance d'un pouvoir qui prétendait achever le millénaire était parvenue insidieusement à faire accepter par la nation l'identification de l'État à la droite. Cette identification avait fini par prendre la forme magique d'une fatalité historique que le pays ne semblait plus être en état de rompre ou d'exorciser.

Sans que les observateurs avertis s'y attendent vraiment, les Français ont franchi, le 10 mai, la frontière. Ils ont vaincu la peur et bravé les interdits. Ils ont déchiré les convenances et mis en pièces les habitudes. Ils ont brisé les rets de l'obscurantisme et donné ses chances à la lumière. Bref, ils ont transgressé les normes jugées inviolables d'un système inhumain et injuste. D'où l'expression spontanément utilisée d'« ancien régime » pour qualifier les vingt-deux années précédentes.

Et personne dans le monde ne s'y est trompé ! De Mexico à Rome, d'Alger à Athènes, de la place de la Bastille à chaque village de France, un même déferlement de joie, une même explosion d'enthousiasme, une même clameur d'allégresse ont transporté jeunes et anciens pour célébrer avec ferveur le commencement libérateur. Par avance ils donnaient raison à François Mitterrand qui, le soir même, célébrait l'amitié retrouvée des citoyens libres du monde : « Des centaines de millions d'hommes sur la terre sauront que la France est prête à leur parler le langage qu'ils ont appris à aimer d'elle. »

Sept ans plus tôt, nulle liesse dans les rues ou sur les places des capitales d'Europe, d'Afrique, d'Asie ou d'Amérique. Les drapeaux de la vie étaient en berne. Là gît toute la différence entre la France d'hier et la France d'aujourd'hui. De la France d'hier, personne n'attendait rien. De la France d'aujourd'hui, on attend beaucoup, on attend parfois trop – et surtout trop vite. À chaque socialiste, à chaque homme de gauche de faire effort pour ne pas décevoir l'impatiente attente. Il suffit de poursuivre sur notre première lancée. Déjà l'œuvre accomplie en quatre mois dépasse – et de loin – en ampleur et en vigueur ce qui fut fait pendant toute la durée du précédent septennat.

Et surtout gardons toujours à l'esprit la signification intime de ce nouveau printemps : la revendication de respiration de tout un peuple. Veillons à ne plus jamais laisser les portes se fermer et souvenons-nous que le cri de joie du 10 mai fut d'abord un appel à la vie. Alors peut-être serons-nous capables d'inventer un nouvel art de vivre : la civilisation de la rencontre.

Devant un parterre composé des plus éminents historiens, venus du monde entier pour ce congrès mondial sur « l'image de la Révolution française dans le monde », et toute l'intelligentsia parisienne, François Mitterrand se livre ici à l'un de ses exercices favoris : la modestie feinte du bel amateur devant le savant. Au-delà de la maîtrise de l'art de se jouer du drapé de l'histoire, il faut prendre cette plongée dans les référents historiques au sérieux, car c'est sur ce terrain-là que le Président situe d'abord l'instance du visible. Après l'émotion du discours de Robert Badinter et la rigueur de celui de l'historien Michel Vovelle, il nous livre l'horizon de la grande réconciliation (jacobins/girondins, constitutionnels/réfractaires) dans un contexte éditorial de guerre de tranchées entre les tenants de la révision historiographique façon François Furet et ceux qui se réclament de l'héritage de Jaurès ou d'Albert Soboul. Cette réconciliation autour du modèle républicain, au fond plus héritée des célébrations du premier centenaire de 1889 que de la Révolution elle-même, est au service du grand dessein de son nouveau septennat : la construction européenne, ou le paradoxe avéré de l'universalité du modèle français et du projet de paix perpétuelle entre la France et l'Allemagne.

François Mitterrand

« Mesdames et messieurs… »

Discours de clôture pour le congrès mondial du bicentenaire de la Révolution française, la Sorbonne, juillet 1989. Extraits.

« Mesdames et messieurs,

Vous allez vous attacher à éclairer les répercussions dans les imaginaires collectifs de ces années de révolution. Qu'il me soit permis ici de rappeler en peu de temps combien nombreuses et pas seulement françaises furent les influences qui, en amont, nourrirent les convictions des Français de ce temps. Dès 1789, on savait bien que le débat d'idées ne se bornait pas aux limites de l'Hexagone, ce n'est pas une révélation. Fille des Lumières, a-t-on dit, la Révolution française doit beaucoup à l'intense bouillonnement d'idées qui, dans l'Europe du XVIIIe, et à vrai dire depuis la Renaissance, a peu à peu formé une nouvelle façon de voir le monde et de concevoir le pouvoir de l'homme sur son destin. Nous savons aussi quelle force d'inspiration les hommes de 1789 puisèrent dans l'exemple des insurgents américains. Sur le moment, vous le savez, en Europe et en Amérique, on commente avec passion ce renversement tumultueux d'un ordre séculaire. D'Angleterre, Burke prit sa plume hostile, Thomas Paine lui répondit, et, outre-Rhin, Fichte à son tour se mobilisa pour « rectifier les jugements du public sur la Révolution française » en affirmant le droit de l'humanité au changement. Chacun connaît les réactions de Goethe au soir de Valmy et ces anecdotes qui sont peut-être légende mais disent le vrai sur un état d'esprit : Kant interrompant

sa promenade quotidienne à Koenigsberg à l'annonce de la prise de la Bastille ; Hegel, tout jeune homme, plantant un arbre de la liberté dans la cour du collège de Tubigen en compagnie, dit-on, de ses amis les poètes Hölderlin et Schelling. *[...]* Bref, dès le début, la Révolution française ne fut pas l'affaire des seuls Français. Je puis dire, sans risque de me tromper, que ce mouvement, avec le temps, ne fait que se confirmer et s'étendre. Les acteurs du début de la Révolution, dès la Déclaration des droits de l'homme et du citoyen, avaient conscience de la portée universelle de leurs proclamations. Carnot, dans le langage de l'époque, y voyait l'honneur de la France, « ce grand magasin où les peuples qui veulent recouvrer leurs droits viendront se pourvoir des moyens d'exterminer les tyrans ».
[...] J'ai été très impressionné par la masse des travaux que, sous toutes les latitudes, suscite votre inépuisable sujet. On m'a cité, outre le chiffre de 200 colloques dans toutes les régions en France, celui de 400 colloques organisés dans le monde à l'occasion de ce bicentenaire. Et le vôtre, enfin, qui permet à toutes ces lectures de se confronter, à tous ces regards de se croiser et qui, d'une rencontre consacrée à l'histoire, fait aussi un geste historique.
[...] « Faire une recherche, faire des recherches, disait Péguy, mots voluptueux, tout pleins, tout gonflés de promesses ultérieures. » Ainsi, votre congrès, en cela même qu'il couronne un important travail préparatoire, sera, je l'espère, aussi un encouragement à poursuivre. Soyez-en, mesdames et messieurs, remerciés.

L'enjeu, pour vous comme pour moi, est d'importance : non seulement faire vivre la mémoire, parfois retrouver la trace de ce qui s'est pensé, inventé, rêvé, affirmé il y a deux cents ans, non seulement en suivre la diffusion explicite ou souterraine, mais mieux comprendre ce qui nous lie. On n'en finit jamais avec la volonté de comprendre. Maurice Blanchot, l'un de nos écrivains et poètes, disait avec humour : « La réponse est le malheur de la question », ajoutant plus sérieusement, quoique ce fût déjà sérieux pour moi : « La question attend la réponse, mais la réponse n'apaise pas la question. » Sans doute, malgré votre science et vos travaux, en êtes-vous encore un peu là… C'est, me semble-t-il, particulièrement vrai en histoire, où le présent inspire toujours de nouvelles questions, de nouvelles approches, qui n'épuisent jamais cette matière sur laquelle vous travaillez et qui s'appelle le passé. Selon Fustel de Coulanges, qu'il n'est pas mauvais d'évoquer en ce jour, « l'histoire n'étudie pas seulement les faits matériels et les institutions, son véritable objet d'étude est l'âme humaine ». Passons sur l'interprétation de Fustel de Coulanges, mais il est difficile, en effet, de séparer ce qui se passe à l'intérieur de soi-même, et qui communique avec un peuple tout entier, des faits et des événements qui en découlent.

Cet imaginaire de la Révolution que vos travaux vont s'attacher à débusquer en balayant l'espace de la planète et le temps écoulé depuis deux siècles, en embrassant bien davantage que la seule histoire économique, sociale ou politique – importante et nécessaire, sans doute –, voilà un angle fécond qui fait aussi l'originalité de vos assises. Telle est l'histoire vivante d'aujourd'hui, attentive aux peuples, aux anonymes, comme aux grandes figures emblématiques, curieuse des résistances comme des enthousiasmes, des cris d'espoir, des silences de peur et des gestes de violence. Sans oublier la fête, si présente, car comment pratiquer l'espoir sans se réjouir et être porté au-delà de soi-même par une sorte de rêve joyeux, même si la réalité nous répond sèchement ?

Je sais, monsieur le professeur Vovelle, la qualité des travaux qu'avec constance vous développez et l'opiniâtreté avec laquelle vous avez arpenté le monde pour préparer ce congrès. Ce rôle que vous avez joué est loin d'être étranger à ma présence parmi vous ce matin, nous en avions parlé il y a quelques années. Je sais aussi qu'ici vont

s'exprimer, c'est très bien comme cela, des sensibilités, des écoles historiques différentes et sans doute opposées, sauf sur un point: vous avez dit que nous sommes des célébrants de l'événement qui nous rassemble. *[...]* On en a, je crois, fini depuis longtemps avec le mythe de l'objectivité de l'historien, détaché des préoccupations de son temps. Ce que l'on dit de l'historien, on pourrait le dire du journaliste, de tous les moyens d'expression. Ce qui importe, c'est la sincérité des convictions, et la vérité objective trouve toujours son compte... au bout du compte, par le seul fait qu'on exprime ce que l'on pense et qu'on tente de traduire honnêtement les faits, mais l'on ne peut se détacher de sa propre approche. Donc, l'historien détaché des préoccupations de son temps, faisant taire ses convictions devant le message des faits, c'est très bien... Il en est qui parviennent sans doute à ce chef-d'œuvre, restons raisonnables, cela n'est pas donné au plus grand nombre. Alors il est bon de réunir le plus grand nombre pour que les idées s'entrechoquent et que finalement se dégage une interprétation dominante qui inspirera ensuite nos successeurs. *[...]*
Inversement, on ne saurait refaire l'histoire à partir des seules obsessions du présent, par une démarche téléologique aux vertus souvent plus polémiques que scientifiques, ne lire ce qui fut qu'à la lumière de ce qui est. Je pense que cette dernière question ne se pose pas uniquement aux savants que vous êtes mais, plus largement, aux citoyens soucieux de comprendre leur passé. Ni anathème ni liturgie approbative, c'est ce que vous pensez et c'est ce que vous dites. Eh bien, je pense que c'est un bon mot d'ordre, non seulement pour ce congrès mais, au-delà, pour l'effort de remémoration collective à laquelle la célébration du bicentenaire nous convie tous.

Parce qu'elle est en France la base et l'origine de notre République, parce qu'elle a nourri et continue de nourrir un peu partout une immense espérance que l'on trouvait encore, il y a peu de temps, à l'autre bout de la Terre, sur la place Tiananmen, ce qui prouve qu'elle n'a rien perdu de son actualité, la Révolution est vivante et, de ce fait, suscite encore des passions. Il suffit de se reporter à la littérature qui paraît quotidiennement chez nous. C'est très bien. Cela prouve que la Révolution vit toujours dans les cœurs et dans les esprits. Cela prouve aussi qu'on la redoute encore, ce dont j'aurais plutôt tendance à me réjouir. Chacun est libre de ses préférences, mais nul ne peut s'affranchir, et vous moins que les autres encore du devoir de rigueur. Notre époque, je l'ai dit, interroge, comme les précédentes, le souvenir de la Révolution ; il est là, palpitant, discuté. Chacun pense, lorsqu'il y est hostile, le frapper à mort, et voilà qu'il revit. La Révolution française, vos travaux le montrent car vous en avez vraiment pisté tous les échos, est devenue, je le répète mais c'est bien le sujet, le patrimoine commun de l'humanité et la source d'inspiration de beaucoup d'expériences. Elle s'enrichit d'exigences nouvelles, de nouveaux fronts s'ouvrent à mesure que les sociétés évoluent, chaque génération a à refaire pour son compte le choix : la liberté, égalité et fraternité, sans oublier la souveraineté populaire.

Raymond Aron notait que « l'homme qui, par l'action, se veut libre dans l'histoire se veut aussi libre par le savoir ». Eh bien, il vous revient, c'est une grande tâche, de nous y aider. C'est ce que vous démontrez par cette réunion, c'est ce que vous avez déjà démontré par votre action de chaque jour. Je voulais moi aussi, à ma façon, en témoigner, merci. »

Ministère de la Culture, de la Communication,
des Grands Travaux et du Bicentenaire

3, rue de Valois, 75042 Paris Cedex 01 – Téléphone : 40 15 80 00

Le Ministre

le 30 mai 1989

Note à Monsieur le Ministre de la République

Je me garde de vous importuner trop souvent au sujet des mille et un obstacles que les exigences de la sécurité élèvent souvent à propos de la célébration du Bicentenaire et du sommet des Chefs d'Etats. Dans l'ensemble, nous réussissons, à force d'obstination, à les surmonter.

Malheureusement, pour les fêtes de la place de la Bastille des 13 et 15 juillet, la Préfecture de Police oppose un veto absolu à la mise en place des dispositifs permettant à la fois l'illumination de la place et l'installation d'une scène centrale, enserrant la Colonne de Juillet, nécessaire au déploiement du "bal de la Révolution", annoncé depuis longtemps dans les programmes du Bicentenaire.

Comment pourrait-on admettre qu'au coeur du Paris révolutionnaire, aucune manifestation d'importance (à l'exception de l'ouverture de l'Opéra) ne puisse avoir lieu ? Ce serait même une sorte de provocation à l'égard du public populaire qui ne trouvera pas place à l'Opéra et serait ainsi privé d'une festivité traditionnelle.

Jack LANG

1 ter

LE PRÉSIDENT DE LA RÉPUBLIQUE

Paris, le 19 Juillet 1989

Cher Monsieur le Ministre,

Je sais la part active que vous avez prise à la préparation et au succès des manifestations, qui autour du 14 Juillet ont constitué le temps fort de la célébration du Bicentenaire de la Révolution française.

Avec votre aide, l'art, témoin de l'infinie richesse des cultures du monde, fut aussi de la fête et fit le lien du peuple de France à tous ceux qui, de par le monde, partagent les idéaux de 1789.

Soyez-en, Monsieur le Ministre, avec vos collaborateurs, chaleureusement remercié et croyez à mes sentiments les meilleurs.

Amitié

François Mitterrand

François MITTERRAND

Monsieur Jack LANG
Ministre de la Culture, de la Communication,
des Grands Travaux et du Bicentenaire
3, rue de Valois
75042 - PARIS

À l'occasion de la parution d'un almanach consacré à la célébration de « 30 ans de révolutions culturelles » à l'automne 2004, ces propos de Jack Lang recueillis par la journaliste Annette Lévy-Willard nous semblent constituer une archive contemporaine immédiate. Ces propos prennent corps dans un ensemble éditorial dominé par l'accumulation de signes et de visuels ; l'ambition de cet ouvrage semble de faire adhérer le lecteur aux icônes censées faire trace et sens mémoriel de ces années. Les textes qui ponctuent cet album ont alors valeur de « cartes postales ». Dans ce contexte commémoratif, le point de vue de Jack Lang frappe par l'impossibilité de celui-ci à se départir du récit de l'utopie d'une culture totale et globale. Il invite en outre à une traversée des deux décennies passées que le ministre de la Culture s'efforce de reconstituer comme mémoire de l'épopée festive.

Jack Lang
La fête, ou la culture comme art de vivre

Propos recueillis par Annette Lévy-Willard, Libération, *« L'Almanach 2004, trente ans de révolutions culturelles ».*

Contrairement à l'idée stupide selon laquelle il y aurait, d'un côté, les fêtes et, de l'autre, des choses sérieuses, on peut reconstruire le monde en se divertissant, en s'aimant ou en se retrouvant. Le Palace en était l'exemple. Avant 1981, c'était déjà un lieu de rencontre inouï, où se mêlaient, la nuit, la fête et la cogitation : on reconstruisait le monde, on se retrouvait entre intellectuels et écrivains. Un endroit de fête, de drague, mais aussi de musique, de découverte, et en même temps de remue-ménage intellectuel. J'ai senti là, dans les mois qui ont précédé 1981, que quelque chose se passait dans la tête des gens. J'y allais souvent avec Jean-Paul Aron, Yves Navarre, Alain Pacadis et d'autres amis. Certains étaient de gauche, d'autres moins. C'était un lieu assez étrange, très chaleureux. Un lieu de rébellion contre l'ordre moral établi, comme le Gibus, la Cigale et des dizaines de clubs. Paris était alors une fête, pour reprendre l'expression de Hemingway.

La fête est inséparable de la communauté humaine, des jongleurs du Moyen Âge en passant par la commedia dell'arte ou le théâtre italien à Paris au XVIIe siècle, c'est une très longue histoire. Les bacchanales riment avec la naissance du théâtre grec et son cortège de célébrations dans des rituels mi-religieux mi-mystiques. J'ai une passion pour les rituels collectifs, qui sont souvent d'un raffinement extrême ou, comme du Rabelais, d'une verdeur tonique. Ainsi ai-je toujours été attiré par les éléments populaires traditionnels festifs. Grâce à François Reichenbach, j'ai découvert les cérémonies mexicano-indiennes, d'une grande beauté – la musique, les masques, les rituels –, de même que j'ai toujours été fasciné par les célébrations de passage d'une saison à une autre, les solstices dans les montagnes de Pologne, de Roumanie et d'ailleurs. Ces moments festifs, qui se veulent chrétiens, sont en réalité profondément païens. On ne peut pas reconstituer artificiellement une culture qui a été détruite. On ne réussira pas à reconstruire l'équivalent du carnaval de Bâle ou de la feria de Séville. Donc il faut inventer.

Quand je suis devenu ministre de la Culture, ce n'était pas le moment de faire la fête, mais de travailler, d'imaginer une politique des arts qui encourage la création. Très vite a surgi l'idée qu'évidemment la musique pouvait être le ciment d'un rassemblement festif et collectif. L'idée de la fête de la Musique était simple : proposer, à un moment X, à tous les amateurs de musique, de sortir de chez eux. Cet événement devait être la fête de toutes les musiques, parce qu'à l'époque la cloison était très étanche entre les différents styles. L'idée était aussi de jouer sur les mots « fête » et « faites » ! Do it ! Apportez ce que vous êtes, que chacun offre à l'autre sa voix, son instrument, son improvisation. Les vraies fêtes sont un partage. Celle-ci a lieu le jour du solstice, le 21 juin. C'est la nuit la plus courte, et elle est devenue la nuit la plus longue… C'est la saison des amours, des rencontres, la saison où tout est permis. Célébrer à la fois le plaisir de la musique, le plaisir de se retrouver, l'ouverture de la saison nouvelle… Tout cela était à la fois conscient et inconscient.

Une fête ne peut pas avoir lieu tous les jours. Elle ne demeure fête que si elle est exceptionnelle, particulière. Il y a le temps de la préparation, de la maturation, le temps de la célébration et, ensuite, le temps de la dégustation. Un événement festif, s'il intervient à

échéance régulière, encourage les énergies, les talents et la création : on se prépare pour le carnaval de Bâle ou le Palio de Sienne. La fête ponctue la vie des cités, forge les citoyennetés. Regardez cette habitude – que nous avons encouragée – que des gens d'un même quartier décident de se retrouver pour partager un repas. Ce n'est pas la culture au sens du théâtre ou d'une œuvre, mais la culture comme art de vivre. De là l'idée d'un événement « Portes ouvertes Monuments historiques » qui donne accès au patrimoine, ce bien commun pourtant interdit au public – comme Matignon, l'Élysée et les palais officiels. Puisque les citoyens participent à leur restauration, à leur entretien, il était normal qu'une fois par an, au moins, ils puissent découvrir ces lieux plus ou moins secrets. Que des millions de gens apportent leur regard passionné sur ces pierres était du même coup une merveilleuse récompense pour les restaurateurs, conservateurs, artisans, architectes…
Et puis il y a les rituels républicains, les célébrations qui ont une valeur symbolique. Comme celle de Valmy, sur le thème de la patrie en lutte contre les monarchies, les aristocrates. La bataille de Valmy était restée dans la mémoire collective comme la victoire de la République. Toutes ces célébrations républicaines sont des moments qui donnent un sens à une histoire. Pour celle du bicentenaire de la Révolution, la tentation était grande d'imaginer une sorte de reconstitution figurative en carton-pâte. On a pensé qu'il fallait au contraire jouer la carte de la modernité. Et de la création contemporaine. D'où l'appel à Jean Paul Goude et à cette esthétique, cette chorégraphie de la parade, vécue fortement par les Français. Avec Jessye Norman chantant La Marseillaise place de la Concorde, comme si elle incarnait toutes les femmes du monde. De plus, la parade était ouverte par des étudiants chinois à vélo : leurs camarades venaient d'être massacrés place Tiananmen. Enfin, pour illustrer le choix de la modernité, un jeune chorégraphe d'avant-garde peu connu, Philippe

Decouflé, a été choisi pour orchestrer la cérémonie d'ouverture des Jeux olympiques d'Albertville, événement poétique de toute beauté. Qui a d'ailleurs été imité par les JO dans d'autres villes du monde.

La fête est un corps manifeste. Elle se donne à voir pour prouver le lieu de son existence, un peu à la manière d'une Marianne regardant sa République. Tenter de retracer les contours de ce qui s'est dessiné par ce manifeste de la fête et de la célébration officielle, et d'exhumer entrailles et vestiges de ce corps en héritage, telle était la teneur de la commande formulée à Sébastien Juy. L'historien des représentations ainsi sollicité nous propose une plongée au cœur de la fête inaugurale, prenant au mot les premiers gestes et visibles référents brandis par le nouveau pouvoir et les mettant à l'épreuve de la longue durée et des lignes de forces structurant l'inconscient collectif.

Sébastien Juy

Res publicae, res festae

Contribution, octobre 2004.

10 MAI 1981 : DISPARITION

Une image virtuelle apparaît sur les écrans. Elle dessine en pixels grossiers le visage de François Mitterrand. Ce visage ainsi dépeint trace la figure spectrale de celui qui se doit d'incarner le mandat de la rupture.
Quelques minutes après, l'Autre, plein cadre, pour de vrai. L'Ancien regarde alors la nation dans les yeux, pose ses mains sur le bureau, se lève en déployant la longueur d'un corps engoncé, se tourne et marche vers une porte en arrière plan. Se dessine alors en direct une trajectoire improbable : la mort d'un corps symbolique, mis en scène par lui-même, dans la profondeur de champ, de façon que chacun puisse mesurer la physique de cette mort.
Le soir même, la fête, sur toutes les places de la Bastille de France et d'Europe, un agrégat de particules fait corps. Jack Lang parlera quelques mois plus tard, dans *L'Appel de la vie*, « d'explosion d'enthousiasme » et « de clameur d'allégresse *[...]* pour célébrer avec ferveur le commencement libérateur », en route vers la promesse d'une « civilisation de la rencontre ».

21 MAI 1981 : INCORPORATION

Le Président est institué. Trois temps, trois lieux pour désigner du corps et ancrer la rupture dans l'ordre de la légitimité symbolique.

D'abord, l'Arc de Triomphe et la tombe du Soldat inconnu, sur les terres élyséennes de la légitimité gaullienne, sans savoir que défileront sur ces Champs, entre 1983 et 1985, des hordes de jeunes-Beurs-antiracistes… sous le regard bienveillant de la présidence.
Puis l'Hôtel de Ville. Ne pas oublier que la vigie du peuple de Paris veille et surveille le corps du roi dans la capitale depuis la Révolution française, si l'on s'en remet en tout cas au triptyque révolutionnaire de 1792-1848-1871. C'est pourtant plus de 1936 et de la Libération que se réclame Mitterrand dans son allocution.
Enfin, plus tard dans la journée, le Panthéon. Le Président remonte seul le haut de la rue Soufflot, une rose à la main. La dernière fois que la gauche l'avait arpentée, c'était du côté de Mai 1968, quelques pavés à la main. Autour, un aréopage un peu particulier d'artistes et de personnalités de gauche, l'universalité culturelle ordonnée par le soin de Jack Lang, mais l'essentiel n'est pas là. L'homme s'avance entre les colonnes du temple, sous les regards de la télévision nationale, et s'engouffre dans l'antre de la République pour déposer sa rose sur la tombe de Jaurès.
Une rose au Panthéon. Le corps de l'éphémère et du parfum fugace au Panthéon des monolithes, comme si s'incarnait de façon inaugurale la fragilité de cette irruption institutionnelle. Une victoire qui dépose une rose auprès d'un cercueil, une naissance aux symptômes d'enterrement, une naissance qui en appelle à la vie mais ne peut se départir de la nécessité d'aller quérir de la chair auprès des morts.

Ces images ainsi captées dans leur statut d'icônes définissent, dans leurs échos, leurs silences et leurs contradictions, l'écosystème dans lequel il faut resituer la fête entendue et revendiquée comme manifeste politique par la gauche gouvernementale pendant ces deux dernières décennies. « Écosystème » doit ici être entendu au sens fort du terme : « le milieu qui donne naissance à », car l'ordre symbolique qui se dessine ainsi, au-delà du contexte d'une victoire courte et difficile, nous semble déterminer en grande partie les formes que prendront la fête manifeste et l'ordre des célébrations à venir. Le parti pris est ici de poser comme postulat que la formule de la « civilisation de la rencontre » doit être prise au sérieux de son incantation comme symptôme pour aborder cet emblème de la politique culturelle. À défaut, le risque serait d'en rester au registre d'une « culture paillettes », ou culture de la « célébration pharaonique », et de s'interdire de comprendre ce qui s'est profondément joué du point de vue de l'histoire des représentations et des mentalités. Sous les oripeaux de la fête, la gauche de gouvernement, dès 1981, cherche à refonder un corps qui lui a donné naissance mais qu'elle ne peut reconnaître comme légitime, car ce dernier, hérité des convulsions de 68 et de l'histoire de la lutte des classes, dirait alors son impossibilité en tant que pouvoir défini avant tout par l'ordre de la rupture. Alors, pour rendre possible l'impossible enfant, dont les patronymes seront multiples mais souvent précédés du titre-particule de « génération », il faudra le dire par le geste sur le théâtre de la représentation dont les formes sont peu ou prou identiques à celles qui ont été déployées sous la Révolution française.

Exposition

Faire l'inventaire des formes de la fête est une entreprise délicate tant les acteurs eux-mêmes s'évertuent à fondre les catégories dans un tout-fusionnel revendiqué par le grand élan vitaliste [1]. La fête privée déteint sur l'espace public, la nuit sur le jour, la commémoration sur le manifeste, l'emphase culturelle sur les pratiques artistiques, le festif sur le revendicatif. Au cœur de ces porosités, quelques emblèmes :

1. L'un des symptômes est la façon dont Jack Lang organise lui-même le récit dans un texte publié par Libération *dans le recueil consacré à « Trente ans de révolutions culturelles ».*

la fête de la Bastille, la fête de la Musique, la célébration du bicentenaire de la Révolution française, et puis, au début des années 1990, l'envol des grandes parades (love, techno...).
Nous essayerons de nous en tenir ici à la typologie suivante : la fête constituante (l'organique défini par l'emblème et la référence), la fête instituante (celle qui met en œuvre le fantasme inaugural de la fiction collective) et la fête destituante par laquelle la violence sociale tente d'échapper au préalable de sa reconnaissance. Elle nous semble propice à rendre compte et à discuter le postulat duquel nous sommes partis : la fête opère comme un fantasme entendu au sens premier du terme, comme la vision par laquelle le moi sort de la réalité de son propre corps pour se constituer dans un corps collectif dont la fonction est d'instituer la place de chacun dans l'ensemble symbolique. Et, comme tous les fantasmes, c'est aussi *a posteriori* de l'expérience du fantôme qu'il en va, expérience qui hante, et donc habite.

Si l'on plonge ces attendus théoriques dans le bain de la société française du début des années 1980 du point de vue de ses formes de sociabilité, on s'aperçoit qu'ils correspondent, pour le pouvoir politique qui se met en place, mais aussi pour le système capitaliste, à une impérieuse nécessité. D'une part, s'achève un cycle inauguré par les Trente Glorieuses qui a dessiné le paysage de la France urbaine (l'urbain et le périurbain ont franchi le cap des 80 % de la population) avec les premiers corollaires de sa mise en crise (chômage de longue durée, mobilités pendulaires et migrations intérieures accrues, crise du logement, explosion des temps de transport...). D'autre part, entre en crise la reproduction du modèle familial traditionnel hérité de la première moitié du siècle sous le double impact de la crise économique et de la contestation du modèle social par-delà Mai 68 (sa traduction peut aisément se mesurer au sein de la génération enfantée par les acteurs de 68 qui arrive à « maturité » dans les années

1980). Enfin, les tentatives de faire émerger d'autres modes de sociabilité dans les années 1970 trouvent une forme d'essoufflement, comme l'état de la consommation des ménages, suspendue à cette découverte historique au regard de deux siècles de la révolution industrielle produite par le double choc pétrolier: « En France, on n'a pas d'énergie [2]... » (même si « on a des idées »).
Dans ce contexte-là, le nouveau pouvoir politique, à la légitimité incontestable mais fragile dans l'expression du rapport de forces démocratique et dans la relation qu'il entretient avec le fondement convulsif des forces qui l'ont rendu possible (cf. Mai 68 et les aventures du Programme commun), et le pouvoir économique se doivent d'assurer les conditions de leur pérennité et de recréer les conditions de fictions collectives. Précisons encore que le capitalisme français connaît paradoxalement, entre 1970 et 1990, la phase de croissance la plus importante de son histoire mais se doit d'anticiper (c'est sa force) la fin de la fiction d'un monde aux ressources inépuisables, et donc, au-delà des nouveaux étendards de la « Crise », de trouver les nouveaux visages d'un en-commun propice à garantir les lendemains du marché.
Au-delà n'en restent pas moins les lignes de fracture traditionnelles de la société française, Paris-province, pour n'en citer qu'une. Sur la séquence qui nous concerne, la fête, dans sa *doxa* officielle, reste avant tout parisienne (même si l'universel de la fête de la Musique s'énonce à partir de son « partout »), car la séquence politique est jacobine principalement, même si s'échafaude dans ce même temps la promesse de décentralisation; il faut attendre la célébration de l'an 2000 pour que Catherine Trautmann s'en remette premièrement et explicitement, dans la conférence de presse de février 1998, à « l'équilibre Paris-province ».

2. C'est aussi dans ce contexte sémantique qu'il faut entendre le vitalisme languien.

Incision

Le temps de la fête constituante court paradoxalement sur toute la décennie des années 1980, et l'on pourrait même proroger cette séquence en y intégrant pour partie la séquence des grands travaux qui se déploie jusqu'en 1995. Nous ne retiendrons ici que trois moments : la fête de la Bastille de mai 1981, la célébration du Bicentenaire en 1989 et le concert de la place de la Concorde du 15 juin 1985 organisé par SOS Racisme. Trois temps pour reconstituer un corps. Et remettre une tête sur ce corps, car telle est bien la signification du rassemblement aux allures de catharsis du 10 mai. La gauche ne célèbre pas ici l'exhibition de son corps, mais le simple fait d'avoir opéré la jonction entre l'image d'un corps et une tête. C'est un peu, si l'on veut, le sens de la liesse du peuple de Paris emmené par les femmes lors des journées des 5 et 6 octobre 1789 lorsqu'il s'en va chercher le corps du roi à Versailles pour le ramener à Paris ; la juste tête à sa juste place, comme garante de l'abondance et de la prodigalité retrouvées. Cela conjure de l'absence et de l'errance, figures profondément ancrées dans une histoire de la gauche qui tremperait ses racines du côté de la décapitation de Louis XVI. Les ressorts de cette histoire sont probablement à chercher du côté du corps introuvable (les insurgés cadenassés de 1830 et de 1848), ou disparu (les fusillés de la Commune enfouis dans les carrières des Buttes-Chaumont), du corps troué (Jaurès assassiné) ou escamoté (les pacifistes et autres internationalistes emmurés par la Grande Guerre), d'un corps engoncé dans son mythe (oublier « qu'il fallait savoir finir » les grèves de 1936) ou ses non-dits (1944-1945, le désarmement de la classe ouvrière dans tous les sens du terme par le compromis « historique » du gouvernement provisoire de 1944-1946). Mais, surtout, c'est l'histoire d'un corps errant depuis sa dernière phase convulsive de Mai 68, et son « é-capitation » du stade de

Charléty [3], lorsque les têtes refusèrent d'assumer la trajectoire que dessinait leur corps, frontalement dressé contre celui de Commandeur du Général. La fête du 10 mai est constituante parce qu'il s'agit d'une mélancolie au sens où Freud l'entend, ouvrant sur la possibilité du deuil. Le temps des promesses pouvait ainsi s'ouvrir. La garde était baissée, enfin pour l'essentiel.

Le second moment de cette constitution fut une plongée de ce corps dans la gravitation d'une histoire pacifiée avec la célébration du bicentenaire de la Révolution française. Là, il s'agit d'arrimer ce corps à la référence souveraine d'une République pacifiée, historiquement légitime, post-moderne (elle a dépassé le stade de son affirmation, elle « est ») et fusionnelle à la manière du positivisme *new age*. Finies les panthéonisations partisanes de la Révolution française, l'affaire se joue dans la conciliation (jacobins et girondins), mais pas au-delà de 1792 (sans passer par la case « Montagne » de l'an II), dans le centre et l'universel de la référence, comme en témoignent d'un même geste le discours de Mitterrand lors de la clôture du congrès mondial de la Sorbonne et le défilé orchestré par Jean-Paul Goude sur les Champs-Élysées, sous le regard d'une Arche dont on sait, avec l'histoire des arcs de triomphe érigés au XIXe siècle comme sous l'Antiquité, les vertus pacificatrices.

Pour donner de la chair à ce corps, lui conférer le juste mouvement, de la conscience de lutte sans conscience de classe, diraient les marxistes, il fallait de l'exception pour confirmer la règle, de l'infraction, qui, comme nous le rappelle Georges Canguilhem, « est non l'origine de la règle mais l'origine de la régulation [4] ».

3. Rassemblement lancé par l'UNEF et la CFDT le 27 mai 1968 alors que la CGT s'apprête à signer les accords de Grenelle, pour chercher un débouché politique au mouvement en dehors des appareils traditionnels de la gauche.

4. Georges Canguilhem, Le Normal et le Pathologique, *PUF, Paris, p. 179.*

C'est avec le concert du 15 juin 1985 sur la place de la Concorde que la fête constituante connaît son assomption politique. Nous sommes ici en terre de droite, là où les derniers soubresauts d'un corps gaullien, débile au sens maladif du terme, un 1er juin 1968, au bras des Malraux et consorts, s'en alla sauver la tête de son corps. Or c'est aussi entre l'Arc de Triomphe et la Concorde qu'un anticorps s'invite sur la scène des représentations lors de l'arrivée de la « Marche des mobylettes » en 1984, un an après le défilé de la marche des Beurs partie de Marseille quelques semaines plus tôt, après les émeutes des Minguettes [5]. La traduction politique de ce mouvement est la carte de séjour de dix ans et la fondation de SOS Racisme sur les décombres d'un Convergence 84 (issu du mouvement des Beurs) un peu trop autonome et impropre à emplir la fiction d'un corps plein. Symboliquement, SOS Racisme peut être vu ici comme la prothèse qui achève la constitution d'un corps sous les hospices conjugués de la « jeunesse », en lieu et place de la classe ouvrière « introuvable » (car impossible, comme nous l'avons dit plus haut), et du « métissage », chargé de rendre opaques les vestiges bien présents de la société post-coloniale. Le génie chirurgical de Mitterrand se situe peut-être ici, dans sa capacité à constituer la « virtu » de ce corps régénéré, s'appuyant sur le courant étudiant emmené par Julien Dray, fraîchement débarqué au PS en provenance de la Ligue communiste révolutionnaire, avec la collaboration de la direction de la LCR et des JCR. Cela permit, entre autres, de mettre à distance dans un même temps la tradition mouvementiste, et du PS tendance SFIO-éducation populaire, et du PC dont les mouvements de jeunesse chantent au diapason des cygnes depuis la fin des années 1970. Des centaines

5. C'est en fait une des premières manifestations de masse à Paris depuis 1981 dans un contexte de crimes racistes et de répression dans les banlieues de la région lyonnaise. La « marche des Beurs », lancée entre autres à l'appel du père Delorme, se clôt par un défilé de 100 000 personnes entre Bastille et Montparnasse.

de milliers de jeunes s'ébrouent, place de la Concorde ; le combat du mouvement (le rock), mais « sur place », inaugurant un des cœurs de la fête-manifeste pour la décennie à venir. Et, par-delà la Seine, à quelques encablures, les traces encore fraîches de l'autre corps, celui qui a été déployé par la droite sous la tour Eiffel en 1984 à l'occasion de la guerre dite de « l'école libre [6] », se font encore sentir. Il faudra attendre le recueillement auprès du cadavre de Malik Oussekine, étendu lors des manifestations étudiantes de 1986, pour que ce corps reprenne pied d'une façon paradoxale sur l'autre rive.

La partition de la fête instituante découle naturellement de cet organique : elle se doit d'être le récit et le mode non seulement du gouvernement des arts mais aussi d'un art de gouverner. C'est une des traductions possibles que l'on peut donner à la formule de Claude Mollard évoquant le « ministre des ministères ». Des gestes et des signes pour peindre la chair de ce corps constitué, pour conjurer le carnaval, dont l'étymologie nous rappelle qu'il consiste justement à ôter la chair-carne et dont le sens s'est si bien incarné dans la fête déchristianisatrice du XVIIIe siècle chère à Michel Vovelle, et dont nous pourrions identifier les derniers relents autour de la flambée 1968.
De la musique (1981), du cinéma (1985), du patrimoine et des musées (1985), des arts du goût, de l'architecture, qu'elle se fasse jour, nuit ou semaine, la fête comme mode de gouvernement des arts décline le mouvement qui enserre chaque entité dans la fiction collective. Tous les textes insistent sur cette individuation d'une

6. Si Mitterrand fut marqué par la démonstration de force de la droite en 1984 (un million de « personnes », non de « manifestants », pour reprendre les mots du Figaro*), Chirac ne le fut pas moins par cette fête-manifeste puisqu'il s'essaya de ce côté sans succès avec Madonna en 1988 lors d'un concert au parc de Sceaux, et surtout lava l'affront commis en terre de droite en fêtant son élection de 1995 sur la place de la Concorde.*

forme de droit à l'existence pour vivre, la promesse de réalisation de la singularité de chacun dans la cacophonie du tout, « à chacun de nos carrefours et nos rues », dit Mitterrand dans son discours de Blois en 1986, accomplissant ici la symbiose des temps entre la romance du faubourg façon Trenet et l'hédonisme post-contemporain du « tout de suite et maintenant ».

Paradoxe du visible

Difficile de rester caché au regard de ce geste instituant, global et total. Au Palace exhumé dans l'espace politique par Lang, Chirac répond par l'embaumement de la culotte de Madonna lors du concert de cette dernière au parc de Sceaux en 1988. Pourtant, quelques gousses d'ail se nichent encore dans les interstices de la glose-vampire. Tels sont en substance les relents d'une autre scène sur laquelle se fomente l'expression d'un autre corps.

Le mouvement alternatif, pour part issu du mouvement punk français, trace, dès le début des années 1980, les pistes sur lesquelles s'engouffreront les altermondialistes des années 1990. Un moment clé est peut-être le concert organisé place de la Bastille en 1989, « Ça suffat comme si », à l'occasion du sommet du G7 à Paris, avec, entre autres, la Mano negra et les Négresses vertes en tête d'affiche. Mais, non loin, c'est-à-dire sur la scène, Renaud, donc la présence ramifiée du corps officiel, celui de la « Génération Mitterrand » de 1988, comme si l'on cherchait à jeter des ponts avec ces nouveaux sauvageons à propos desquels le Petit Robert nous rappelle que le terme désigne des « sujets en instance de greffe ».

L'expression de cette marge se consolide assez vite en une posture de combat, à la mesure des échecs de la lutte anti-FN et anticrise menée par les gouvernements de gauche du début des années 1990. L'écart devient de plus en plus béant entre la fiction d'un corps collectif forgé au cours des années 1980 et la réalité morcelée et parta-

gée des corps qui structurent souvent par défaut la société française. Les morceaux s'agrègent autour de fictions communautaires qui, sous des formes combatives (cf. Act Up, les sans-papiers, le DAL, les premiers tenants des free-parties…) ou proches de l'esthésie *new age* (techno parade, love-parade, le « tous ensemble » de la victoire des Bleus en 1998…), expriment à la fois et de façon contradictoire une réponse à l'ordre intimé du collectif, une production d'identité et la réitération à petite échelle des fictions conspuées sur la scène de la totalité. Un des symptômes du délitement de la grande fiction est l'attaque des cortèges de manifestations de lycéens et d'étudiants (cf. manif contre le CIP), au début des années 1990, par des jeunes de banlieue au nom de la fête (là, on est proche du vrai carnaval) et pour dénier cette manifestation de la fête qu'étaient en quelque sorte devenues les manifestations de jeunes depuis 1986 (présence de la danse, des sound-systems…).
Finalement, avec l'évacuation de la fiction du corps collectif, ne prend pas fin pour autant le mode fictionnel de la production d'un corps collectif, il recouvre simplement une autre échelle. Tout destituant qu'il puisse être, il est avant tout la destitution de soi-même au lieu de sa construction identitaire (celle qui se fait par-devers l'autre). Ainsi peut-il lui être reproché un jour d'avoir institué le démon à force de destitution (cf. le 21 avril 2002).

À défaut de « Grand Soir », c'est au paradoxe de « Nuit blanche » qu'il faut s'en remettre: blanche de ne pouvoir supporter d'être noire, donc nuit, mise en demeure de se faire jour pour se rendre visible.

notes

Les notes sur les grands travaux présentées ici sont convoquées dans leur partialité pour signifier la complexité des évidences. En apparence, nous serions ici dans le domaine du prince, la manne louis-quatorzienne au sens étymologique du terme, dans l'ordre d'une consubstantialité du pouvoir et de la nécessité de faire trace et incarnation. Certes, ces notes disent le besoin d'inscrire quelque chose au regard de l'histoire, mais elles disent, par leur langue, la violence, les difficultés et la transaction permanente avec le hors champ constitué par les sphères cachées (administrations centrales, conseillers du Président, Cour des comptes, Conseil d'État…) et publiques (les autres ministères) de la potestas publicae. *Elles disent par-dessus tout l'urgence (les premières notes sont de 1981), nous invitant à mesurer à rebours que le temps de la construction et de l'édification n'est pas celui qui est dévolu par les mandats électifs à un pouvoir politique,* a fortiori *si ce dernier se réclame de l'instance de la rupture. Nous sommes bien loin de la sérénité royale ou pharaonique. La piste sur laquelle nous invitons aussi le lecteur est celle de l'inachevé, du morcelé et du fragile.*

Ministère de la Culture et de la Communication

3, rue de Valois, 75001 Paris
296-10-40

Le Ministre

26 MAI 1981

1) Paulette Decraene
2) M Claire Papegay

NOTE A L'ATTENTION
DE MONSIEUR LE PRESIDENT DE LA REPUBLIQUE

Votre présidence, mieux encore que celle de vos prédécesseurs, doit être marquée par quelques réalisations exemplaires.

Vous vous souvenez sans doute du grand projet que vous aviez exposé à l'UNESCO au sujet de l'implantation à la Villette d'un "Beaubour de la musique".

Si l'on veut que ce projet aboutisse, il est indispensable que le Ministre de la Culture ait la haute main sur l'ensemble de l'opération la Villette. Or celle-ci relève à ce jour, non pas du Ministère de la Culture mais de deux autres administrations : les Universités pour la réalisation du Musée des Sciences et Techniques ; l'Environnement pour la conception des espaces et des jardins.

Je souhaiterais être désigné par vous comme chef de file uniqu de l'opération pour lui donner le souffle et l'ampleur dont elle a besoin aujourd'hui.

Un problème voisin se pose à propos de l'achèvement de l'opéra tion de la Défense. Les choix retenus par Giscard d'Estaing sont catastrophiques. J'aimerais pouvoir y organiser un concours national ou international. Il faudrait là encore que le Ministre de la Culture soit désign comme chef de l'opération.

Jack LANG

Ministère de la Culture

3, rue de Valois, 75042 Paris Cedex 01 - Téléphone : 296-10-40

Le Ministre

16 juin 1983

NOTE A MONSIEUR LE PRESIDENT DE LA REPUBLIQUE

Objet : OPERA-BASTILLE

Plus le temps avance, plus les technocrates et les conseillers de diverses sortes tendent à se substituer au pouvoir politique et à suggérer de mauvaises idées sur la base de données fausses. Ainsi en va t-il pour le futur Opéra de la Bastille, à propos duquel on cherche par tous les moyens à remettre en cause votre décision initiale.

Puis-je me permettre de vous redire avec toute la force de ma conviction qu' une telle remise en cause serait une erreur :

1°) De tous les grands projets, c'est le seul qui vous appartient en propre. A La Défense etàLa Villette, vos prédécesseurs avaient déjà ouvert le chantier.

2°) C'est le seul projet qui vous permettra d'accomplir une oeuvre architecturale et urbanistique portant intégralement votre marque .

3°) Sa réalisation permettra un coût de fonctionnement de l'Opéra inférieur au coût actuel. Elle répondra à la demande de centaines de milliers de spectateurs.

Si les impératifs budgétaires exigent une suppression, la logique voudrait alors que vous supprimiez le Carrefour de la Communication qui coûtera 300 millions de fonctionnement (quel ministère les paiera ?) alors que le nouvel opéra ne coûtera pas plus cher que l'actuel. Je ne plaide naturellement pas pour la suppression du Carrefour de la Communication. S'il y a des sacrifices à faire, ils peuvent être réalisés au détriment d'équipements autres que culturels. C'est pourquoi, j'ai demandé au Ministère des Finances de vous fournir la liste des grands travaux prévus par d'autres ministères pour les cinq ans à venir. Il serait heureux que votre choix s'exerce au sein d'un large éventail et non au sein des seuls équipements culturels.

.../...

4°) Une remise en cause de l'Opéra de la Bastille porterait atteinte à notre crédit national et international, notamment auprès des 2000 architectes qui y travaillent depuis un an et demi.

5°) Les chiffres fournis par le Ministère des Finances sont surévalués. J'affirme que l'on peut faire la démonstration que la construction de ce nouvel opéra est parfaitement supportable par le Ministère de la Culture.

x

x x

Puis-je me permettre d'insister auprès de vous pour que la décision finale soit précédée d'une réunion avec le Groupe des 4, au cours de laquelle nous pourrions objectivement examiner l'ensemble des données.

Jack LANG

Ministère de la Culture

3, rue de Valois, 75042 Paris Cedex 01 - Téléphone : 296-10-40

Le Ministre

le 25 novembre 1983

NOTE A MONSIEUR LE PRESIDENT DE LA REPUBLIQUE

OBJET : ORSAY

Il me paraît urgent de prendre une décision pour les abords du Musée d'Orsay et la reconstruction de la passerelle de Solférino. Cette reconstruction pourrait être un bel ouvrage d'architecture contemporaine et assurer une liaison élégante, majestueuse et vivante entre le Musée d'Orsay et les Tuileries. L'actuelle passerelle est hideuse.

Jacques CHIRAC va sans doute se tailler un grand succès lors de l'inauguration prochaine de la passerelle du pont des Arts. Nous pouvons faire mieux que lui par la réalisation d'une oeuvre originale.

Une question est à résoudre : le financement. Le coût a été évalué à 40 millions de francs. Pourrait-on demander au Ministère des Transports d'en assurer le paiement ? Si cette proposition vous paraît opportune, vous pourriez adresser une lettre à Charles FITERMAN. Je vous joins, sous ce pli, un projet.

Il serait souhaitable aussi que le Ministère des Transports participe au financement des abords du Musée.

Jack LANG

PROJET DE LETTRE DU PRESIDENT DE LA REPUBLIQUE
A M. LE MINISTRE DES TRANSPORTS

Monsieur le Ministre,

L'achèvement du Musée d'Orsay et la réalisation du Grand Louvre imposent que soit mieux assurée la liaison entre les jardins des Tuileries et le quai Anatole France.

La reconstruction de la passerelle de Solférino devra assurer avec élégance cette jonction. Le coût s'élève à 40 millions de francs. Je souhaite que le Ministère des Transports puisse participer à ce financement à hauteur de 50 %.

L'aménagement des abords du Musée d'Orsay, en particulier du quai "bas" et du quai Anatole France, ne peut être réalisée sans votre participation. Je vous prierais de bien vouloir apporter votre contribution à hauteur de 40 % des frais d'investissement.

Ministère de la Culture

3, rue de Valois, 75042 Paris Cedex 01 - Téléphone : 296-10-40

Le Ministre

le 10 février 1984

Monsieur le Président de la République,

Vous avez annoncé, le 26 septembre 1981, votre décision de créer le Grand Louvre. Selon vos instructions, j'ai conduit les études qui en permettront la réalisation. Le moment est venu de prendre une décision définitive. A cette fin, j'ai l'honneur de vous soumettre mes conclusions personnelles. Le projet d'aménagement du Grand Louvre obéit, selon vos voeux, à un triple dessein : muséologique, architectural, historique.

I. Un musée moderne et vivant

En prenant la décision historique d'affecter au Louvre l'aile du Palais actuellement occupée par le Ministère des Finances, vous avez voulu, d'abord, doter le musée du Louvre des espaces indispensables au meilleur accomplissement de ses missions, qu'il s'agisse de la conservation, de l'étude ou de la présentation des collections, en même temps que de l'accueil et de l'information du public.

Dès à présent, le travail de programmation muséologique met en évidence tous les bénéfices que procurera cette extension :

- d'une part, elle rééquilibrera le rapport entre les surfaces consacrées à l'exposition proprement dite et les espaces techniques et scientifiques nécessaires au bon fonctionnement d'un grand musée contemporain : passant de 5 à plus de 30 %, ces derniers donneront enfin à un établissement d'une telle ampleur et d'une telle notoriété la possibilité de faire face à toutes ses obligations ;

- d'autre part, l'extension rendra plus homogène, mieux rassemblé autour d'une cour centrale, la Cour Napoléon, un musée dont l'actuel étirement sur plus de huit cents mètres, du pavillon de Flore à celui de Saint-Germain-l'Auxerrois, est source d'incommodités de toutes sortes, à commencer par celles qu'il impose à la circulation des visiteurs mais aussi des oeuvres, des personnels et des produits, et au détriment, notamment, de la sécurité - préoccupation constante des responsables du Louvre.

...

Disposant, dans leurs départements mieux distribués, de surfaces de présentation accrues, les collections seront ainsi plus directement accessibles, à partir d'une zone d'accueil centrale, aménagée en sous-sol et pourvue de tous les équipements que requièrent la réception, l'orientation, l'initiation d'un public sans cesse plus nombreux et plus divers, et où les jeunes feront l'objet d'une attention particulière. Car c'est bien par l'attrait que le musée exercera sur ces derniers que sera atteint l'un des objectifs majeurs de l'entreprise : faire du Louvre, dont soixante-dix pour cent des visiteurs sont de nos jours des touristes étrangers, un lieu où les Français viendront en plus grand nombre.

II. <u>La réhabilitation de l'histoire du Louvre et des Tuileries</u> .

Pour l'opinion courante, tant en France qu'à l'étranger, le Louvre est synonyme de musée plus que de palais. Vous avez souhaité qu'il n'évoquât pas moins l'un que l'autre et que l'aménagement impliquât, en conséquence, une mise en valeur de l'histoire dont le château, puis le palais, furent pendant huit siècles les témoins. Dans cette perspective :

- les parterres du Jardin des Tuileries retrouveront le tracé de Le Nôtre et une terrasse, surplombant l'avenue du Général Lemonnier partiellement enterrée, offrira aux visiteurs les traces du palais des Tuileries, tandis qu'ils pourront se rendre sans obstacle du Carrousel à la Concorde ;

- à l'intérieur du Louvre, les décors historiques çà et là conservés seront, après restauration, reliés par un circuit de visite qui, de la salle des Cariatides aux appartements du Duc de Morny, conduira à la découverte d'un palais que quatre siècles, de la Renaissance au Second Empire, ont marqué de leurs fastes et de leurs arts :

- dans la Cour Carrée, enfin, seront présentés dans une crypte, après dégagement, les spectaculaires vestiges du château qui, de Philippe-Auguste à Charles V, fut, tout à la fois, le point fort du rempart parisien, le pivot du système défensif français, le siège et le symbole du pouvoir royal : en un mot, le môle d'affermissement de l'Etat naissant, et, partant, la justification du destin du Louvre, cette image par excellence de la fortune, au sens le plus noble, de la France.

Georges DUBY, responsable de cette mise en valeur la suit et la contrôle avec passion.

J'ajoute que les sondages effectués aux Tuileries et dans la Cour Napoléon constituent l'un des plus grands chantiers archéologiques jamais ouverts sur la période gauloise et sur le Moyen-Age. Tout récemment, on a découvert un habitat gaulois alors même qu'une présence gauloise en cet endroit avait toujours été contestée. C'est une totale nouveauté sur le territoire de Lutèce.

Archéologiques, historiens, conservateurs, programmateurs et architectes apportent, avec enthousiasme et d'un même élan, leur concours à cette entreprise de réhabilitation de l'histoire du Louvre et des Tuileries. C'est, à n'en pas douter, un des meilleurs gages de son succès.

.../...

III. Un traitement urbain et architectural contemporain

Vous avez confié à I.M. PEI la mission de concevoir l'aménagement spatial du Grand Louvre. Les solutions proposées me paraissent heureuses. Elle sont, selon la juste expression employée par Dominique BOZO, remarquables "de clarté, de cohérence, de force et de discrétion à la fois, pour ne pas dire de modestie".

La pyramide placée au centre de la Cour Napoléon ne peut que souligner, en même temps que l'entrée du Musée, la majesté de l'ensemble palatial. Son avantage fonctionnel est certain : par ses verrières, la lumière pénétrera en abondance dans la zone d'accueil centrale ; à travers elle, à partir du sous-sol comme au sol, le regard se portera aisément sur les façades de la Cour. Son intérêt esthétique ne me paraît pas moins incontestable. L'audace que d'aucuns lui reprochent témoigne au contraire, à mes yeux, d'une sensibilité de haute qualité, toute en mesure : une forme géométrique pure, aux proportions et aux dimensions méticuleusement calculées, un objet beau de nuit comme de jour, dont l'inserti dans un vaste décor aux ordonnances classiques et régulières, loin d'injurier le passé, ne va pas sans rappeler ces architec tures de rêve qu'affectionna le XVIIIe siècle.

Ainsi que l'observe Dominique BOZO, le parti de I.M. PEI est très classique. Il évoque plutôt l'harmonie de la "cité idéale" de Francesco DI GIORGIO et de la Renaissance italienne. Aucune barbarie en cela. La forme pyramidale n'est-elle pas un des termes du répertoire classique de l'architectu et de l'urbanisme européens depuis la Renaissance. Les exemple ne manquent pas et il y a, dans ce parti, quelque chose de l'esprit du Siècle des Lumières, comme on y trouve aussi un écho à l'Obélisque de la Concorde.

Sur le plan urbain, le projet a le mérite de revita liser le vaste quadrilatère Louvre-Tuileries,si lugubre la nui de Saint-Germain-l'Auxerrois à la Concorde. A l'image du Centre Pompidou ouvert avec succès le soir, le Louvre constituera l'un des centres de la vie nocturne de la Capitale.

Le projet de I.M. PEI assurera enfin la création de l'une des plus vastes promenades de jardin de Paris, entre la Concorde et Saint-Germain-l'Auxerrois.

Jean PROUVE, l'ancien Président du Jury internation pour la construction du Centre Beaubourg, conclue avec force dans le même sens : "C'est exceptionnellement beau et d'un fonctionnement savant. La véritable tradition renaît qui condu logiquement à l'insertion d'une architecture contemporaine dan un ensemble historique. Quel espoir !".

x

x x

...

Puis-je ajouter que de nombreuses personnalités consultées ont approuvé le projet ?

J'ai demandé à Monsieur le Maire de Paris de bien vouloir recevoir Messieurs PEI et BIASINI. Monsieur CHIRAC a publiquement exprimé son adhésion à leurs propositions.

Pour toutes ces raisons, je me permets de vous recommander de bien vouloir donner un accord définitif au projet d'aménagement du Grand Louvre.

Grâce à vous, le Louvre, enfin restitué dans toute sa dimension historique et urbaine, deviendra le plus grand et le plus beau musée du monde.

Croyez, Monsieur le Président de la République, à l'expression de ma très haute considération et de mon profond respect.

Jack LANG

JACK LANG

le 19 mai 1988

NOTE A MONSIEUR LE PRESIDENT DE LA REPUBLIQUE

OBJET : Grands projets

Je vous soumettrai une série d'idées nouvelles, la semaine prochaine.

D'ores et déjà deux types de réalisations mériteraient d'être mises en chantier :

a) la construction d'une nouvelle bibliothèque nationale

L'actuelle B N craque. Tous les observateurs, en particulier Emmanuel LE ROY LADURIE, considèrent que seul un édifice nouveau permettrait de répondre aux besoins de la recherche contemporaine.

Cette nouvelle bibliothèque nationale pourrait avoir une dimension européenne, en associant les bibliothèques nationales des autres pays, en particulier la British Library.

Par les moyens les plus modernes de l'informatique, ses prodigieuses collections pourraient, en même temps, être mises à la disposition des chercheurs du monde entier.

Cette rénovation de la B N devrait s'articuler avec un plan de modernisation des bibliothèques universitaires, aujourd'hui dans un piteux état, et la création d'un véritable institut national de l'histoire de l'art.

b) la rénovation des musées scientifiques relevant du Ministère de l'Education nationale (Musée de l'Homme, Museum d'Histoire naturelle, Musée des Arts et Métiers, Musées d'histoire naturelle de certaines villes de province).

Déjà vous aviez réussi, en 1985,à faire débloquer les premiers crédits.

Une oeuvre de grande envergure est à concevoir, qui embellirait votre septennat.

*

Yves DAUGE ressent douloureusement la nomination de BIASINI, qu'il vit un peu comme une sorte de désaveu de son action. Un mot de vous lui apporterait un peu de baume.

Jack LANG

Ministère de la Culture, de la Communication,
des Grands Travaux et du Bicentenaire

3, rue de Valois, 75042 Paris Cedex 01 - Téléphone : 40 15 80 00

Le Ministre

le 27 février 1989

NOTE A MONSIEUR LE PRESIDENT DE LA REPUBLIQUE

Objet : nouvelle Bibliothèque de France

CHIRAC s'est exprimé en ces termes sur ce projet à Europe 1 : "Je voudrais bien qu'on rende à César ce qui est à César. Le projet de très grande bibliothèque a été conçu par François LEOTARD quand il était ministre de la culture, approuvé par mon gouvernement, présenté au conseil des ministres par mon gouvernement et approuvé à ce moment-là. ... c'est mon gouvernement qui a pris l'initiative. ... C'est tellement une bonne idée dans mon esprit que j'ai même proposé l'un des plus beaux terrains dont nous disposerons dans les toutes prochaines années, c'est-à-dire un terrain en bordure de Seine, en face du nouveau parc de Bercy, dans le cadre de la grande opération que je compte faire d'aménagement urbain dans la zone Tolbiac/Massena/Austerlitz. Mais je la suivrai de près cette fois-ci pour que nous n'ayons pas les inconvénients d'une architecture vraiment contestable comme nous avons pu le voir dans quelques grands projets du Président."

Cette attitude de CHIRAC, qui ne m'étonne évidemment pas, renforce ma conviction en faveur de Vincennes. A Tolbiac, CHIRAC nous rendra la vie difficile. Même si ses engagements sont écrits (rappelez-vous l'Exposition universelle), il ne les respectera pas. Tour à tour, il cherchera soit à récupérer le projet, soit à lui opposer des entraves.

Un mot sur la genèse du projet : c'est mon actuel directeur de cabinet, Francis BECK, qui, le premier, a proposé, dans un rapport au Ministère de la Culture, la construction d'une nouvelle bibliothèque nationale. LEOTARD s'est contenté à l'époque de reprendre à son compte cette idée qui n'était pas la sienne.

Jack LANG

République Française

Ministère de la Culture et de la Communication 12

3, rue de Valois, 75042 Paris Cedex 01 - Téléphone : (1) 40 15 80 00

Le Ministre
Porte-Parole du Gouvernement

9 JUIL 1991

NOTE A MONSIEUR LE PRESIDENT DE LA REPUBLIQUE

OBJET : *Bibliothèque de France.*

Les polémiques engagées contre la Bibliothèque de France sont souvent excessives et infondées. Mais on les alimente en s'obstinant à ne pas vouloir résoudre un certain nombre de problèmes concrets et urgents.

C'est pourquoi je suis en plein accord avec Laure Adler qui pose, parfois avec brutalité, les bonnes questions aux responsables de l'établissement.

Je voudrais attirer votre attention sur quelques points :

I - Une question concernant l'ensemble des espaces.

Dominique Perrault continue à réclamer une véritable programmation détaillée sans laquelle il ne peut concevoir l'architecture des volumes intérieurs. Il attend des réponses précises à des questions simples concernant chacun des espaces:

- quelles conditions d'accès à quels livres ou documents ?
- quels modes de consultation ?
- quels types d'équipements mobiliers ?

.../...

II - Des questions spécifiques à chacun des niveaux.

1) Le niveau réservé au grand public.

a) La conception de ce niveau a évolué dans le bon sens en particulier avec l'augmentation des surfaces consacrées au livre et à la lecture. Toutefois, pour éviter l'effet "hall de gare" de ce niveau supérieur, les espaces devraient être structurés selon un découpage thématique analogue à celui du niveau réservé aux chercheurs.

b) Malgré l'opposition du conseil scientifique, un espace réservé aux enfants doit être prévu. Conformément à l'esprit général du projet, il ne saurait reproduire ce qui existe ailleurs.

c) Les espaces consacrés aux colloques sont beaucoup trop vastes (une salle de congrès de 700 places et un auditorium de 350 places) et leur coût de gestion sera prohibitif.
Proposition : réduire ces espaces de moitié.

2/ Le niveau consacré aux chercheurs.

En l'absence de définition précise des services nouveaux à rendre aux chercheurs, il est impossible d'évaluer le coût du fonctionnement futur. Les ambitions affichées risquent de reposer sur des hypothèses financières irréalistes.

Proposition : évaluer de toute urgence les coûts respectifs des différents niveaux de qualité des prestations destinées aux chercheurs, notamment pour :

- l'accès au catalogue informatisé,
- l'usage des documents numérisés,
- les prestations de reproduction de documents,
- les stations de lecture active.

III - Les pôles associés.

Il est politiquement important que la Bibliothèque de France s'inscrive dans un effort de modernisation et de développement d'un réseau national de grandes bibliothèques régionales.

En l'absence de crédits suffisants sur l'enveloppe de la Bibliothèque de France, il conviendrait de doter la ligne budgétaire des grands travaux en région des crédits nécessaires à la structuration de ce réseau.

Jack Lang
Jack LANG

Quelques semaines avant la fin de son second mandat, le Président politiquement défait depuis le séisme électoral de 1993, et paradoxalement auto-affranchi de sa responsabilité politique, accorde cet entretien à Bernard Pivot, ex-contempteur de la grande littérature sur la chaîne de service public et maître ès qualités de la défense du patrimoine, qu'il en aille de la langue ou des célébrations officielles. La force de cet extrait est de souligner la capacité de Mitterrand à trouver les ressorts subtils pour inscrire sa parole au regard de l'histoire tout en déjouant quelque possibilité d'héritage.

François Mitterrand / Bernard Pivot

« Cette émission sera, dans sa première partie, consacrée à ce que j'ai appelé les grands travaux du Président… »

Entretien accordé à Bernard Pivot sur France 2 (« Bouillon de culture ») le 14 avril 1995. Extraits.

Bernard Pivot : Cette émission sera, dans sa première partie, consacrée à ce que l'on a appelé les grands travaux du Président. Ils ont été très nombreux au cours de ces deux septennats. Il y a notamment le Grand Louvre, dont on voit la pyramide de M. Pei, derrière moi, dans la cour Napoléon ; il y a aussi la Bibliothèque nationale de France, l'opéra Bastille, la cité de la Musique ; et en province aussi, à Grenoble, à Lyon, à Saint-Étienne, à Angoulême et à Arles. *[…]* Ce qui frappe, c'est leur nombre considérable durant les quatorze années de votre présidence. J'ai eu la curiosité de me reporter aux fameuses 110 propositions du candidat François Mitterrand en 1981. Or je n'ai vu que la création d'un centre international pour la musique, c'était tout ce qui était annoncé. Est-ce à dire que vous n'aviez pas de projet avant ou que vous n'aviez pas voulu les mettre dans les 110 propositions ?
François Mitterrand : Le programme que j'ai développé en 1981 avait été mis au point par une commission du parti socialiste, que je dirigeais précédemment ; c'est Lionel Jospin qui m'avait remplacé, et de ce fait c'était un travail tout à fait collectif. Moi-même je n'y avais pas beaucoup pensé, parce que je n'avais pas mesuré les moyens

offerts au président de la République, grâce à la durée de son mandat et grâce aussi aux pouvoirs qui existaient sous la Ve République et qui n'existaient pas sous les régimes précédents.

B. P. : Alors, ce qui apparaît, c'est que, dès le début de votre premier septennat, vous créez à l'Élysée un petit comité, de quatre personnes, qui était chargé de réfléchir à ces grands travaux, et parmi eux il y avait un ami à vous, qui est l'écrivain Paul Guimard et qui a dit, dès cette époque, qu'avec ces monuments vous vouliez, je le cite, « griffer le temps ».

F. M. : Oui, mais enfin c'est une jolie histoire, c'est une belle expression ! *[...]* Paul Guimard m'a beaucoup aidé, comme quelques autres, mais j'avais une obsession, ou plutôt j'en avais deux. J'habite Paris depuis déjà longtemps, quoique je sois un provincial invétéré. J'étais choqué par la manière dont était organisé le Louvre. J'en ai parlé avec un de mes amis, qui était aussi passionné que moi, même peut-être plus encore, pour ces choses, Louis-Gabriel Clayeux, qui fait partie du petit groupe en question, et il m'a dit : « Il faut absolument que le ministère des Finances quitte les locaux du Louvre. Il faut faire un vrai, un grand et un seul musée, il faut récupérer des milliers de mètres carrés, il faut en faire un des plus beaux musées du monde. » J'étais acquis à cette idée déjà depuis longtemps, naturellement, puis voilà que soudain j'en avais la possibilité ! C'était ma première décision en vérité, et l'autre, dont on ne parle jamais d'ailleurs, mais que l'on remarque souvent comme passant dans les rues de Paris ; chaque fois que je regardais le dôme des Invalides, je me disais : « Comme c'est triste que le dôme initial, qui avait été prévu pour être doré, soit si gris, si terne au milieu de cette si belle ville, pour un monument qui est peut-être le plus beau de tous. » Alors, si j'en avais la possibilité – je ne pensais pas à l'époque à celle qui s'offrirait à moi –, je le ferais arranger. Donc, c'étaient ces deux idées-là que j'avais, d'ailleurs je les ai menées à bien toutes les deux, et puis s'en sont ajoutées quelques autres : 11 projets réalisés à Paris et 36 en province.

B. P. : Oui, mais alors on sent très bien que, quand Paul Guimard dit que vous voulez « griffer » le temps, cela veut dire laisser votre griffe, laisser votre marque de bâtisseur.
F. M. : L'expression risquerait d'être un peu impropre. C'est certain que j'ai décidé cela, mais avec l'accord du gouvernement, des ministres compétents, et en particulier l'aide du ministre de la Culture, qui était Jack Lang. Donc, tout cela, oui, c'est vrai ! Mais, en vérité, les choses ne se passent pas exactement comme cela. Je ne suis pas l'auteur de ces monuments. J'ai fait ce qu'il fallait pour les concevoir, pour les financer, pour les mener à bien. Mais, en réalité, sauf pour le Grand Louvre et pour le dôme des Invalides, les décisions ont été prises par des jurys – il y a des règles très strictes –, jurys nationaux ou jurys internationaux. On ne peut pas réunir les trente-cinq ou quarante personnes parmi les plus réputées du monde pour choisir parmi des projets (car, pour l'opéra Bastille, il y avait quelque 750 projets), et ensuite faire fi de leurs propositions ! Donc j'étais contenu par leur sélection, leur dernière sélection, c'est-à-dire quatre à dix projets, et donc, sur les 750 présentés, il y en avait au moins 740 qui m'échappaient complètement. Donc, on ne peut pas dire qu'il y ait un style Mitterrand.

B. P. : Il n'y a pas de style Mitterrand ?
F. M. : Il ne peut pas y en avoir dans ces conditions.

B. P. : Est-ce que ce n'est pas dommage ?
F. M. : Cela m'est arrivé de le regretter, c'étaient des sursauts d'orgueil ou de vanité ! Mais je ne pouvais pas faire comme Louis XIV

ou Louis XV ! On en entend déjà beaucoup dire, n'est-ce pas ? Alors je n'en avais pas les moyens, et ce n'était pas conforme à la loi, c'étaient des sommes importantes, je n'avais pas à décider tout seul de tout ce que l'on en ferait. Donc, c'est le style d'une époque, car les jurys n'étaient pas les mêmes. Au total, si vous regardez ce qui a été produit – bien, mal, c'est à chacun d'apprécier –, c'est le style d'une époque, décidé par des gens généralement venus de tous les coins du monde, généralement par de grands architectes, de grands urbanistes. *[...]*

B. P. : Mais, ce qui est vrai, on l'a fait remarquer, c'est que, dans cette expression « les grands travaux du Président »...
F. M. : C'est vrai, on peut le dire, parce que, si je n'avais pas été là...

B. P. : On s'est dit, il y a quelque chose d'un peu pharaonique. Est-ce qu'il n'y a pas aussi quelque chose qui relève du droit régalien ?
F. M. : Non, je suis président de la République, cela représente un certain coût, bien entendu, tout n'a pas été fait à la fois, j'ai été élu deux fois, et il faut tenir compte des trois éléments. D'abord, quatre de ces onze projets parisiens ont été décidés par mes prédécesseurs. Nous sommes plusieurs pharaons ! Ensuite, ce qui a été fait à Paris a été fait sur deux septennats, donc je n'ai pas décidé d'un coup que l'on ferait tout cela, mais, quand j'ai été réélu, on a continué, et c'est comme cela que j'ai engagé la construction de la nouvelle Bibliothèque de France, du Muséum d'histoire naturelle et de différentes choses. Cela me fait plaisir de savoir que cela a été fait.

B. P. : Est-ce que ce n'est pas un peu grisant pour vous aujourd'hui de dire : « Grâce à moi, il y a le Louvre qui a été restauré tel qu'il était, il y a cette Grande Bibliothèque... » ?
F. M. : Ce n'est pas grisant.

B. P. : Moi, je serais grisé à votre place.
F. M. : Peut-être, mais moi je ne suis pas facile à griser ! Mais je suis très content d'avoir pu le faire, et même assez fier.

B. P. : Mais, est-ce qu'il n'y a pas plus de chance que vous restiez dans la mémoire des Français avec le Louvre et la Grande Bibliothèque de France, plutôt qu'avec des lois si importantes, je pense à la loi sur la suppression de la peine de mort ainsi qu'à des lois que vous avez fait voter pendant vos deux septennats ?
F. M. : Qui le sait ? Mais vous avez sans doute raison. *[…]*

B. P. : Il y a une autre constante dans tous ces bâtiments, c'est leur dimension culturelle. Ils sont tous culturels, à part peut-être l'arche de La Défense, qui est vouée à la communication…
F. M. : C'est davantage de l'urbanisme.

B. P. : Mais tout est culturel, pourquoi ?
F. M. : Parce que j'ai trouvé que nous manquions en France, à Paris et en province – j'insiste beaucoup là-dessus –, d'équipements culturels. Et comme j'avais fait décider que le budget de la culture serait accru, il a été je crois multiplié au moins par trois, l'objectif était déjà le fameux 1 % dont on reparle aujourd'hui. Il y avait là le ministre Jack Lang, qui était audacieux et plein d'initiatives, qui cherchait lui aussi à faire de grandes choses, cela s'est bien trouvé, et de ce fait l'élément culturel l'a emporté sur les autres. Il y a quand même aussi quelques éléments culturels scientifiques.

B. P. : Oui, tout cela relève de la culture au sens large. Alors, dans le livre, dont nous parlerons tout à l'heure avec Élie Wiesel, à un certain moment, celui-ci vous pose une question, et vous répondez à propos justement de ces grands monuments : « Cela donne

un sens à mon action, en tout cas cela insuffle une poésie que je ne trouve pas toujours dans la loi. »
F. M. : Oui, c'est vrai. Pour employer une expression qui n'est pas très adaptée, parce que ce n'est pas toujours avec des pierres que l'on construit des bâtiments aujourd'hui, mettre une pierre l'une sur l'autre, cela a pour moi beaucoup de sens. *[...]*

B. P. : Est-ce que vous avez évolué dans vos goûts ?
F. M. : Oh ! J'ai évolué, c'est certain. J'ai évolué personnellement. Ce qui est frustrant c'est que, finalement, ce ne sont pas toujours les projets qui m'avaient plu qui ont été adoptés ; je ne jette la pierre à personne, les jurys ont été très consciencieux et certainement plus compétents que moi.

B. P. : Oui, mais moi ça m'embarrasse que vous disiez ça, parce que je me dis, quand même, vous avez pris l'initiative de ces projets, et il y avait un comité qui au dernier moment... Il me semble qu'il y aurait une unité dans tous ces travaux si on avait dit : « Eh bien, c'est le goût du Président qui au dernier moment l'emportera ! »
F. M. : Ce n'étaient pas des comités, c'étaient des jurys...

B. P. : Oui, mais des jurys...
F. M. : Des règles internationales président à la constitution et au fonctionnement des jurys. On ne voit pas très bien un homme, soudain, se substituer à eux à cent pour cent. On peut dire : non, je préférais celui-là... discuter... Ce sont des gens très obligeants, mais c'est difficile de faire plus. Et dites-moi, avec tout ce que l'on répète sur mon compte, sur la dérive monarchique, alors que n'aurait-on pas entendu ?

B. P. : On aurait dit, à ce moment-là, il y a un style Mitterrand, comme on dit il y a un style Louis XIV, Louis XV ou...

F. M. : Eh bien on ne le dira pas ! *[...]*
B. P. : Au fond, je me dis que vous avez, à propos de ces grands travaux, exercé une sorte de droit régalien largement tempéré par la démocratie.
F. M. : Pourquoi dire ça ? Tout s'est passé dans les formes normales.

B. P. : Je veux dire que l'initiative venait de vous chaque fois.
F. M. : Si le président de la République ne prenait pas d'initiatives, où en serait-on ? *[...]* Ce qui compte, surtout actuellement, c'est la durée. Et les grands travaux n'ont été possibles qu'à cause de la durée. Il faut imaginer ce que c'est que le travail d'un gouvernement avec un budget annuel. Il lui manque toujours quelques milliards ! Toujours ! Et, pour récupérer un peu de ces milliards, quelles sont les premières victimes ? Les dépenses qui apparaissent comme somptuaires. Je vous dirai que moi je ne les considère pas comme somptuaires, mais elles sont généralement considérées comme telles. Si bien qu'il ne s'est pas fait grand-chose, pendant les IIIe, IVe, et Ve Républiques, sauf Beaubourg, que M. Pompidou a réalisé.

B. P. : Il y avait effectivement un retard à rattraper, mais pourquoi dites-vous que, pour vous, ce ne sont pas des dépenses somptuaires alors que ça l'est pour beaucoup d'autres gens ? Est-ce parce que, pour vous, la culture c'est la vie, l'ouverture à tout le monde des chefs-d'œuvre ?...
F. M. : Toutes ces raisons sont bonnes. La culture ne doit pas venir en queue de peloton. Et même elle doit être située avec la recherche, et en particulier l'éducation, en tête. Ensuite, je pense que ce qui a été fait l'a été dans des conditions raisonnées. *[...]* Les deux derniers présidents de la République, M. Giscard d'Estaing et moi, avons affronté la pire crise que le monde industriel occidental a connue

depuis 1929. Or ce qui était fait avec les grands travaux a permis, j'ai là le chiffre sous les yeux, 55 millions d'heures de travail! On a pu avoir en permanence, pendant quinze ans, près de 3000 emplois, qui n'auraient pas été créés sans cela... D'autre part, il faut bien se rendre compte que c'est un élan. Si on investit pour créer, cela donne à un pays une sorte de force. *[...]* Il y a beaucoup de raisons à caractère économique, ou social, qui font qu'on ne peut pas faire une comparaison sèche, en disant: au fond, c'était de l'esthétique, c'était de la culture, cela ne servait pas à grand-chose par rapport à tant d'autres nécessités.

B. P.: Alors, parce que vous parlez d'argent, est-ce que c'est facile pour un Président de dire: « Hop, je fais des grands travaux, et toc, j'ai l'argent! » C'est facile ou pas?
F. M.: Très difficile...

B. P.: Ah bon? Vous êtes le patron!
F. M.: Les deux principaux ministres des Finances avec qui j'ai eu à faire, et qui étaient deux amis personnels, étaient Jacques Delors et Pierre Bérégovoy. Il y en a eu d'autres, mais ils sont venus plus tard, je pense en particulier à Michel Sapin. J'étais obligé de rattraper chaque trimestre un certain nombre de millions, pour ne pas dire quelques milliards! Le ministère des Finances était là, veillait... Enfin, là j'exagère, je ne voudrais pas reprendre un thème déjà employé au cours de cette campagne. Le ministère des Finances est bien utile, et il a des fonctionnaires souvent remarquables, mais difficiles à diriger. Le ministère des Finances considère souvent que ce qui touche à des choses nouvelles (la culture, le sport...) paraît un peu roturier par rapport aux grands ministères traditionnels! Alors on est plus chiche pour les budgets! *[...]*

B. P. : C'est-à-dire que vous étiez obligé de surveiller votre propre ministre des Finances pour qu'il ne ratiboise pas sur...
F. M. : Je surveillais de très près ! *[...]*

B. P. : Alors, vos grands travaux à vous, ceux dont vous avez eu l'initiative, il y a évidemment le Grand Louvre, dont vous êtes le plus fier, c'est évident.
F. M. : Je crois que c'est la plus grande réussite.

B. P. : Parce qu'il s'est passé exactement ce que vous avez voulu ?
F. M. : C'est présomptueux de dire cela, parce que j'ai eu un collaborateur hors pair, qui s'appelle Émile Biasini, un bulldozer, une compétence extraordinaire, et un des plus grands architectes du monde, qui est M. Pei.

B. P. : Mais, quand même, il y a eu des polémiques avec cette fameuse pyramide dans la cour Napoléon, cela a fait vraiment couler beaucoup d'encre et beaucoup de salive ! Est-ce qu'à un moment vous n'avez quand même pas douté, en disant est-ce que cette pyramide ne va pas détonner dans cette cour ? Est-ce que vraiment vous avez toujours été sûr de votre goût ?
F. M. : Absolument sûr ! D'autant plus que, dans les articles qui attaquaient, il y avait beaucoup de bêtises dites. On disait : « François Mitterrand va se permettre de défigurer le décor fait par une lignée de rois de France, depuis Charles V jusqu'à Napoléon III, quel toupet, quelle audace ! » Ce qui était inexact : la cour Napoléon ne datait pas de cette époque, mais était de Napoléon III et de la IIIe République, donc, déjà, j'offensais moins l'histoire ! *[...]*

B. P. : Parlons de la fameuse Bibliothèque nationale de France, qui, elle aussi, a fait couler beaucoup d'encre et de salive et que l'on doit à Dominique Perrault. Alors, est-ce que vous avez été, là aussi, contrarié, gêné, un peu agacé par toutes les critiques qui se sont abattues, non seulement en France, mais aussi à l'étranger, en Angleterre, aux États-Unis, contre ce projet ?

F. M. : En Angleterre, cela me faisait sourire, parce qu'ils construisent une grande bibliothèque anglaise, et cela fait vingt-cinq ans qu'ils y sont ! Et finalement cela coûtera plus cher que la nôtre, alors...

B. P. : Monsieur le Président, il y a quand même une erreur de stratégie. Le projet de Dominique Perrault avait été accepté quand on a décidé, après coup, de transférer tous les livres de la bibliothèque de la rue de Richelieu.

F. M. : Qu'est-ce que vous appelez erreur de stratégie ? Moi, je ne suis pas un professionnel, j'aime lire, j'aime aller dans une bibliothèque, mais je ne suis pas capable de concevoir la marche d'une bibliothèque de cette importance. J'ai donc demandé, nous avons demandé, avec le chef du gouvernement, à deux grands spécialistes, Cahart et Melot, de nous faire un projet. Et dans ce projet, parmi d'excellentes choses, il y avait aussi la coupure avant 1945 et après 1945. Aussitôt beaucoup de gens, un certain nombre d'utilisateurs, de chercheurs, m'ont fait observer que c'était vraiment très compliqué, et pas très logique. Je vais vous donner un détail : est-ce que vous savez que, depuis 1945, il y a eu plus d'œuvres imprimées qu'entre Gutenberg et 1945 ? Alors, forcément, cela pose un problème. J'ai décidé de réunir, là, tout ce qui était imprimé, donc post-Gutenberg, et de laisser dans l'actuelle Bibliothèque nationale – qui est un très beau monument, une très belle chose, très bien tenue, trop étroite – les estampes, les documents antérieurs à Gutenberg, et d'y regrouper toutes les bibliothèques d'art pour en faire une grande bibliothèque des arts. C'est en panne aujourd'hui, je le regrette, mais voilà le projet. Pour ce qui est de la Bibliothèque de France, cela a été en effet très critiqué, parce que les critiques, les experts, n'ont pas vu tout de suite l'intelligence du projet de Dominique Perrault. Il est certain que ces quatre tours me choquaient. Moi je ne suis pas très pour les tours comme ça! Mais cela donne sur une très vaste esplanade, et, en creux – cela ne se voit pas de l'extérieur –, il y a, à vingt mètres de profondeur, un jardin...

B. P.: C'est même une forêt...
F. M.: Dans lequel on a planté des arbres, et la superficie est équivalente à celle des jardins du Palais-Royal. Les critiques disaient que cela serait un puits. Quand vous êtes dans les jardins du Palais-Royal, vous n'avez pas l'impression d'être tombé dans un puits! Il s'est fait une sorte de courant élitiste qui trouvait très choquant que l'on pût mêler dans le même bâtiment les chercheurs, les professionnels et le grand public. C'est disposé de telle façon qu'ils ne travailleront pas dans les mêmes endroits. C'est vrai que c'est une vaste bibliothèque qui a pour vocation d'être populaire. Les chercheurs ont trouvé là 1800 loggias qui donnent sur le jardin. Ils auront une tranquillité et une paix exemplaires. Avec Perrault, nous en avons beaucoup parlé, nous avons voulu reconstituer l'atmosphère de cloître. Naturellement, avec les moyens modernes, et sans vouloir imiter les cloîtres anciens. Je crois que c'est une bonne idée, cela sera un bâtiment très original et qui plaira, soyez-en sûr.

B. P.: On n'a jamais vu des tours monter aussi vite! Peut-être avez-vous craint que la cohabitation...
F. M.: J'ai mis le paquet, oui!

B. P.: Oui, vous avez mis le paquet. Tous les huit jours elles avaient gagné dix mètres!

F. M. : Car je n'étais pas très sûr qu'elles ne perdraient pas dix mètres par jour, après !

B. P. : Il est évident, monsieur le Président, que, par reconnaissance à votre personne, un jour, l'un de ces grands travaux portera votre nom…
F. M. : Pourquoi ?

B. P. : Bien sûr que si.
F. M. : Écoutez, jusqu'ici j'ai toujours refusé de mettre mon nom… même à Château-Chinon.

B. P. : Oui, mais quand vous ne serez plus là, de toute façon, vous ne pourrez pas l'empêcher…
F. M. : Je ne sais pas ce qui se passera, on verra bien…

B. P. : Est-ce que, quand même, la bibliothèque François-Mitterrand, ce ne serait pas bien ?
F. M. : Non, non…

B. P. : Parce que Bibliothèque nationale de France, c'est quand même un sacré pléonasme !
F. M. : Vous avez assez raison.

B. P. : Bibliothèque François-Mitterrand, ce ne serait pas mal non ?
F. M. : Oui, mais je ne le demande pas.

B. P. : Je n'ai pas dit que vous le demandiez, mais…
F. M. : Il y a des noms plus illustres ou plus adaptés.

B. P. : Attendez, c'est vous qui en avez eu l'idée, et vous adorez les

livres, vous adorez les écrivains, s'il y a un monument qui vous irait bien c'est celui-là.
F. M. : Si vous étiez chargé de cela et si vous me proposiez aujourd'hui de prendre cette décision, je vous dirais non.

B. P. : Ce n'est pas gentil ! *[...]*

Fine lame du Figaro, *à l'affût de la moindre occasion pour remettre le hobereau Mitterrand dans le rang de son ordre, l'académicien nous livre ici un de ses exercices de style familiers, exercices dont l'intensité ne cessera de croître jusqu'en 1993 ; après, s'instaurera une forme de* pax armata, *les braves ayant conquis siège et strapontin au panthéon de l'histoire. Pourtant, au-delà des figures attendues consistant à critiquer le caractère manifeste du visible, l'originalité du rhéteur est de situer le cœur de son argumentation du côté de la mesure et de l'efficience sociale. La gauche n'est pas attaquée sur le fait d'être à gauche, comme en 1981, mais plutôt de s'arroger les toges de la monarchie républicaine (rendez-nous la V*[e] République *et notre légitimité gaullienne !). Ce paradoxe constituera le fondement de la victoire de Jacques Chirac en 1995, sabre au clair et « fracture sociale » en bandoulière.*

Jean d'Ormesson

Des projets ruineux à la gloire d'un pharaon

Article publié dans Le Figaro, *30 avril 1991. Extraits.*

Le socialisme français, tel qu'il se présentait aux électeurs en 1981, constituait sans doute un projet politique, incarné avec éclat par François Mitterrand. Il était surtout une morale. Cette morale consistait à changer la vie des plus déshérités en luttant contre les privilèges et les inégalités. Le socialisme était censé changer la vie des masses par des mesures économiques et sociales, bien entendu, mais aussi et peut-être surtout grâce à l'accession de tous à la culture. La culture était au centre du projet socialiste parce que, à travers l'éducation, la formation, les médias, elle constitue la clé du monde moderne. L'ambition du socialisme français pouvait se résumer en une phrase : moins de chômeurs et plus de bacheliers. *[...]*

Peut-être parce que M. François Mitterrand est lui-même un homme qui connaît et aime les lettres, c'est du côté de la culture, et non d'une économie ralliée par la force des choses à la libre entreprise, que la spécificité socialiste a semblé s'exercer avec le plus de force. *[...]*

Si le succès culturel se mesure aux budgets culturels engagés, la culture, sous le socialisme, a fait un formidable bond en avant. Il faudra bien, un jour, faire le compte de ce qu'ont coûté à la République et aux citoyens les fêtes et les bâtiments du régime. En additionnant les sommets de Versailles, les défilés de mode commémoratifs sur les Champs-Élysées, les constructions élevées autant à la gloire des bâtisseurs que pour la commodité des usagers, on trouverait large-

ment de quoi combler tous les trous de la Sécurité sociale. Il semble bien que pas mal de ces dépenses – qui relèvent toutes du domaine culturel si ardemment couvé – aient été inconsidérées. *[...]*
Le fait est que *[le coût de]* la nouvelle bibliothèque nationale anglaise est de 4 milliards de francs. En avril dernier, M. Jack Lang chiffrait à 4 ou 5 milliards de francs le coût total de la TGB. Le projet en serait actuellement aux alentours de 7 milliards, et personne ne parierait sur la stabilité de cette somme. On dépense beaucoup, en France, aujourd'hui, pour la culture. Il n'est pas tout à fait sûr que les résultats obtenus par les responsables soient à la hauteur des efforts consentis par les contribuables. La clé de l'affaire c'est que, sous les socialistes, la culture, comme l'économie, est rongée par l'étatisme. Dispensateur de crédits et de subventions, animateur culturel, entreprise de travaux de prestige à la gloire du pharaon, porteur d'un titre qui semble sorti d'un croisement de Courteline et d'Ubu roi, le ministère de la Culture, de la Communication, des Grands Travaux et du Bicentenaire est moins fait pour répandre la culture parmi les citoyens que pour assurer la gloire du souverain.
Les prestiges de la culture ne sont pas destinés à redescendre vers la base, ils sont destinés à remonter vers le trône. *Ad majorem gloriam Dei.* La pyramide est un assez beau symbole de cette culture à l'égyptienne où le nom du souverain est inscrit partout à grands frais, de la cour du Louvre et de l'opéra Bastille à l'arche de La Défense. Une télévision prospère, efficace et heureuse, un enseignement rénové – on ne rappellera jamais assez que l'éducation aussi et d'abord fait partie de la culture et que l'échec de l'Éducation nationale est aussi patent que celui de la télévision publique – feraient plus pour la culture que tous les défilés sur les Champs-Élysées et tous les grands travaux déjà guettés par la ruine. *[...]*

On attendait beaucoup *[...]* des socialistes dans le domaine de la culture. Les résultats ne sont considérables qu'en termes de dépenses. Au milieu de tous ses divertissements, le roi est, sinon nu, du moins vêtu assez pauvrement en dépit des sommes énormes consacrées à sa parure.

Cette chronique est publiée dans Le Nouvel Observateur *alors que le contexte politique est celui de la cohabitation entre le Premier ministre Jacques Chirac et le président François Mitterrand, à quelques mois de l'élection présidentielle qui allait voir les deux hommes s'affronter. Maurice Fleuret, ex-directeur de la musique au ministère de la Culture – il quitte sa fonction à la suite des élections législatives de 1986 –, répond aux attaques de la droite sur la politique des grands travaux. Plus précisément, c'est d'une bataille du temps dont il est implicitement question, bataille entre un Président qui s'est arrogé le temps de la longue durée – une forme de légitimité gaullienne – et un Premier ministre inscrit pour la seconde fois de son existence politique dans le chaos d'un présent réduit, du côté d'une « histoire empêchée ».*

Maurice Fleuret

Les chantiers de Paris

Chronique publiée dans Le Nouvel Observateur, *6 juillet 1987. Extraits.*

[...] L'échéance du Bicentenaire voulait sans doute que Paris fît toilette. Mais c'est bien plus, d'aucuns disent pis. Déjà exaspérés par les embarras de la fête, ils dénoncent tout à la fois le bouleversement du paysage, la folie des grandeurs, la dépense inutile. Ils rappellent de plus qu'on est loin d'en avoir fini avec les chantiers de prestige: la cité de la Musique, le parc de la Villette, le Muséum d'histoire naturelle, le Centre de conférences internationales du quai Branly et, surtout, cette Très Grande Bibliothèque si discutée ces temps-ci. Dans les dîners en ville, on parle avec ironie de Louis XIV, des deux Napoléon, de Pierre le Grand ou de la reine Victoria...
Et quand bien même... je ne vois pas que ces comparaisons sont à ce point désobligeantes pour François Mitterrand. Qui oserait soutenir en effet que les monuments, remarquables ou non, ne doivent rien, ou ne devraient rien devoir à la décision régalienne? C'était le cas jadis, c'est la même chose aujourd'hui, et ici comme partout dans le monde. D'ailleurs, plus qu'aucune autre capitale, Paris, à ce chapitre, vaut une anthologie. Sans même citer les bâtiments justifiés par leur fonction ou ceux que le temps a détournés pour un nouvel usage (le Grand Palais, la gare d'Orsay), force est de reconnaître que les réalisations démesurées, arbitraires, gratuites, pour ne pas dire absurdes, ont contribué pour beaucoup à donner à la ville ce visage qu'on aime: ainsi, par exemple, de l'Arc de Triomphe et de la tour Eiffel.

En temps de paix et d'économie stable, les princes qui nous gouvernent aiment à inscrire le souvenir de leur règne au fronton de constructions grandioses. Imaginons qu'un surcroît de démocratie les en empêche ! Les luttes politiques dans le débat parlementaire, les pressions corporatistes, les intérêts privés auraient tôt fait d'enliser, d'enterrer tout projet d'envergure, pour le moins de le défigurer. Et je ne parle pas du Budget, pour qui il n'est jamais de petites économies, surtout quand le flou politique paraît les justifier.
L'enveloppe 1989 des grands travaux présidentiels – une année de croisière – s'élève à 1 milliard et 379 millions [de francs]. Dans le budget de l'État, ce n'est vraiment pas grand-chose, surtout quand on peut s'offrir des sous-marins atomiques, des Mirage 2000 et bientôt le Rafale. Mais ceux qui ne regrettent pas que le Président ait pris l'initiative d'annuler la dette de nos créanciers africains dénoncent tout de même le coût de ses fantaisies architecturales. En fait, on lui reproche le pouvoir qu'on lui a donné. Or lui pour qui la musique ne compte pas beaucoup et l'art lyrique moins encore, s'il n'avait décidé un beau jour d'édifier un nouvel opéra, on en serait encore aux palabres.

Voir suppose un visible, mais aussi un lieu à partir duquel l'œil voit. La distance historique qui nous sépare aujourd'hui de la politique des grands travaux permet peut-être un repositionnement de la critique offrant une image renouvelée des monuments issus de cette politique emblématique de François Mitterrand. C'est à cet exercice que s'essaye Sébastien Thiery, docteur en science politique, convoquant l'histoire longue comme point d'appui pour ses développements. Au-delà de l'analyse politologique voire journalistique à chaud de ces opérations d'envergure, la démonstration vise à resituer celles-ci dans la trame d'une histoire pour le moins occultée. Ainsi, ces écrits monumentaux du Président s'inscriraient dans le cours d'un récit manifeste, celui de la nation qui, par-delà les régimes, doit s'exposer pour garantir au jeu politique sa survie.

Sébastien Thiery

Les grands travaux, de l'absence en hauts lieux

Contribution, novembre 2004.

Preuve

Il est des raisonnements qui se révèlent recevables, d'autres non. Épineuse question que celle qui touche au mécanisme d'une telle sanction : Quel tribunal pour accréditer la pertinence d'une analyse ? Quelle modalité d'administration de la preuve afin de rendre valide la démonstration ? Sur la surface plane du jeu social, la sociologie de la connaissance a sans aucun doute son mot à dire, démontrant que l'affaire est celle d'une politique des places : des pairs tiennent l'édifice, et certains partis pris épistémologiques et autres horizons théoriques ont à un moment donné force de loi ; débordant ce jeu-là, des médias patentés valident ou invalident souverainement, disputant aux instances académiques la place d'où est rendue la parole légitime. Ainsi, tout raisonnement recevable est un lieu commun, une parole qui reçoit un écho de la place reconnue d'où est délivrée la sanction. L'individu « libre arbitre » peut certes prétendre raisonner en silence. Mais, sur la scène sociale, il lui faut trouver la preuve attestant qu'il ne déraisonne pas ; un fondement partagé à partir duquel sa parole puisse résonner et devenir audible. Il existe donc des paroles impossibles, franchement pas sérieuses. Notre raison trie, inlassablement, le bon grain de l'ivraie garantissant ainsi que tous les discours ne se valent pas. Pour ce faire, elle résonne avec un lieu.

Épreuve

Le dossier des grands travaux regorge de paroles sensées, savantes, illustres, si ce n'est indépassables. Les avis peuvent diverger dans les angles ; le débat, d'une richesse indiscutable, peut se jouer et se rejouer, *ad libitum*. Un travail sérieux peut recomposer, sur la base d'une compilation judicieuse voire audacieuse, des données. Et la raison, à l'instar des édifices en question, demeurera inébranlable. Mais, justement, qu'il y ait là, dans ces édifices, quelque chose d'inébranlable, voici l'inouï. Cet inouï, il se manifeste dès lors que l'on risque l'épreuve de l'édifice en court-circuitant l'écran de mots qui nous le rend domptable. Poser sa main sur la « peau » de la Pyramide, de la Bibliothèque, ou encore de l'Opéra ; se fixer sur leur seuil, et se mesurer à leur silence. Ici, les dépenses inconsidérées aggravant tous les trous de la Sécurité sociale ou la pathétique mégalomanie d'un François Mitterrand irresponsable n'ont pas lieu. Quelque chose étouffe la polémique, et c'est à la lisière de l'édifice, à distance du comptoir du café du Commerce ou de la chaire du politologue autorisé, qu'une voix résonne – cet « inouï » donc –, une voix vibrant depuis le sol d'une histoire qui nous dépasse. Car, pour ne pas délirer, c'est vers un autre lieu de raisonnement – d'arraisonnement – qu'il nous faut nous frayer un chemin, ce lieu où le poète Valery puisait son sel, lui qui face aux édifices de la République affirmait voir là les « monuments d'un autre monde ».

Vu !

L'analyse politologique opère au scalpel. Il lui faut débusquer les subterfuges, et derrière l'écran éblouissant de la parole présidentielle percer la manigance. Faire tomber les masques pour asséner enfin : « Le roi est nu. » Jean d'Ormesson, comme tant d'autres, s'est évertué à faire basculer ces visibles monumentaux dans la catégorie des manifestes d'une entreprise insensée. Littéralement : un sens politique absurde et, par conséquent, une politique scandaleuse. Nettoyé, le tableau pouvait rendre enfin transparent le portrait : un François Mitterrand, pharaon à la petite semaine, méprisant la promesse d'une œuvre sociale de gauche au bénéfice de la gloire politique de son propre nom. La démonstration est d'autant plus gênante que l'accusé et ses lieutenants ne sauraient raisonnablement trouver la parade. La légitimité du Président s'est en effet voulue fondamentalement populaire, et le sens politique devait se faire éruptif. Rousseau était ainsi convoqué, et la fête célébrant la communauté chaude et retrouvée devait manifester le fameux passage de l'ombre à la lumière. Jack Lang l'écrivait majestueusement : « L'appel de la vie » annonçait la « libération des énergies » et laissait espérer la prise d'assaut des citadelles du pouvoir, ces énergies pétrifiées, amas obscurs qui, dressés depuis quelque « ancien régime », déployaient leur ombre sur un territoire rendu ainsi stérile. *Tabula rasa* : la scène enfin balayée allait s'offrir à ce « nouvel art de vivre », la « civilisation de la rencontre ». Alors oui, n'en déplaise à Maurice Fleuret, à l'ombre de ces monuments que sont les grands travaux, force est de reprocher à François Mitterrand « le pouvoir qu'on lui a donné », car, dans l'intervalle, le sens fut détourné, le sens fut trahi. À pousser le raisonnement, les détracteurs du candidat mensonger – dont les 110 propositions ne faisaient aucunement état du grand œuvre en question – auraient pu réclamer la destitution de l'élu. Car, si le mandat se voulait impératif – Rousseau toujours et la théorie de la souveraineté populaire –, il devait lui être retiré une fois le subterfuge débusqué. Mais ce raisonnement ne peut tenir car le mensonge est ailleurs, et la « mise à nu » s'avère un véritable programme commun, celui des éditorialistes de droite comme des metteurs en scène de la rupture, apologues de la sortie victorieuse de l'histoire. Tous oublient, ou feignent d'oublier, que le mandat demeure représentatif, que le Président est le délégataire d'une fiction, qu'il est oint par la souveraineté nationale. Intégrant l'espace politique, « espace où tout ne tient que par magie » pour citer de nouveau Valéry, l'homme président n'est plus homme. Le sens est ailleurs.

Invisible

La pensée dominante n'a cessé, dans cette affaire, de risquer une confusion à proprement parler insensée. Ce faisant, elle a rendu impossible tout raisonnement partant du principe selon lequel nous sommes héritiers d'une histoire, histoire précisément occidentale. L'insensé, c'est de se penser affranchis d'une facture, de se revendiquer hors temps, hors lieu, hors humanité en somme. Pierre Legendre résume la chose ainsi : « Les Occidentaux, démystificateurs des autres sociétés non industrielles, ne sauraient voir leurs propres liturgies sauvages ni dépecer leur propre discours délirant sur l'autorité sacrée, sans se léser eux-mêmes, estimant avoir perdu politiquement la face [1]. » Ce délire fondateur peut, dans notre affaire, se présenter ainsi : François Mitterrand et le président de la République ne sauraient se confondre. Ernst Kantorowicz trace le parcours d'une histoire qui se poursuit ici, celle du dédoublement de l'homme et de sa *dignitas*, de la personne réelle et de la personne fictive – qu'en droit nous nommons « personne morale », une personne qui est un statut. Dans l'élection se joue un sacrifice, la disparition du corps physique du candidat – de celui dont la santé nous a tant préoccupés – par le rituel d'un don de soi, le fameux « don de ma personne à la nation ». Par ce chemin, l'élu devient le délégataire d'un corps mystique, l'État-nation, corps souverain et perpétuel qu'un roi, un empereur, un prince-président, un président enfin, représente. Tel est le fruit d'une « théologie politique chrétienne » qui « allait, *mutatis*

1. *P. Legendre,* Jouir du pouvoir. Traité de la bureaucratie patriote, *Paris, Minuit, 1976, p. 270.*

mutandis, demeurer en vigueur jusqu'au XXe siècle [2] » – notons que Kantorowicz publie son maître livre, *Les Deux Corps du roi*, en 1957. Traduit dans les termes de la souveraineté nationale – inscrite dans l'article 3 de la constitution de 1958 –, ce montage institue en lieu et place du souverain un corps absent, celui de la nation, un invisible fondateur. Pour cette raison même, le décès de François Mitterrand nous vaudra deux cérémonies, l'une à Château-Chinon, l'autre au Panthéon, double rituel attestant à rebours le dédoublement inaugural. Dès lors, le strabisme dont souffrent les analyses contemporaines laisse accroire que les grands travaux sont l'œuvre de François Mitterrand en personne affirmant à leur endroit : « Ceci est mon corps. » Or, à écouter le fond d'une histoire qui se poursuit sous les oripeaux de la modernité, force est de renoncer à cette première analyse pour se convaincre que « ceci est le corps de la nation », « ceci est la France ». Seule notre oreille sauvage entend énigmatiquement le message ; seul notre œil sauvage scrute dans les grands travaux autre chose qu'un amas de matériaux, certes savamment organisés, et autre chose qu'un mausolée à la gloire de François Mitterrand, certes illustre et cultivé. Face à la Pyramide, à la Bibliothèque ou encore à l'Opéra, nous résonnons du sol de cette histoire immémoriale. À défaut de cela, la vue de ces monuments nous serait insupportable.

Distance

Les grands travaux manifestent que le pouvoir est ailleurs et participent d'un grand œuvre logique qui se poursuit à travers les âges : donner corps à la représentation. Ils résultent ainsi du pouvoir de montrer et se définissent à cet égard comme des monuments. Une

2. E. *Kantorowicz*, Les Deux Corps du roi. Essai sur la théologie politique au Moyen Âge, *(1957), Paris, Gallimard, 1989, p. 10.*

courte généalogie de ce terme nous conduit à renouer avec quelques notions fort énigmatiques, notions de la tradition que sont le mémorial, le prodige, le monstre. Par ce détour, nous rencontrons le verbe latin *moneo*, racine du verbe « montrer », signifiant « faire penser à, avertir ». Participant du même champ sémantique, quelques autres termes épaississent le sens : *monitor* (« souffleur, guide »), monumentum (« ce qui rappelle le souvenir »), *monstro* (« montrer, désigner »), et enfin *monstrum*, terme du vocabulaire religieux désignant « le prodige qui avertit de la volonté des dieux ». Dans cette perspective, le monument s'assimile en d'autres temps et d'autres lieux à la figure du colosse décrite par Jean-Pierre Vernant comme la manifestation « dans certaines formes visibles *[de]* certaines puissances de l'au-delà qui sont du domaine de l'invisible [3] ». Politique monumentale, la politique des grands travaux répète ainsi le prodige en faisant advenir sur scène les marqueurs d'une référence qui nous dépasse, en l'occurrence la représentation nationale. Ces édifices demeurent et sont des demeures accueillant sous leur voûte tous les prédécesseurs et les successeurs d'un président. En cela surtout, ils ne signifient pas la nature du pouvoir – un prétendu résidu nauséeux de la monarchie –, mais sa continuité, sa transmission, par-delà les âges et les régimes. En somme, ils manifestent un représenté « toujours déjà là » dont se réclame le pouvoir et au nom duquel celui-ci s'exerce, selon des procédures démocratiques ou pas. Sa figure peut changer, mais sa structure demeure. Dans le cadre contemporain, la figure convoquée est celle de la nation immortelle, non celle donc d'un homme président par définition mortel. Le siège du pouvoir réside ainsi dans un au-delà, et les grands travaux en attestent la pérennité, telles les preuves par les faits.

Afin que la magie fonctionne politiquement, il faut de la machinerie

3. *J.-P. Vernant,* Mythe et pensée chez les Grecs *(1965), Paris, La Découverte, 1994, p. 180.*

rituelle, celle-ci déplaçant la décision – par définition ourdie dans les alcôves d'une administration séculière – dans la fiction d'un récit historique. En premier lieu, les grands projets sont annoncés lors de la conférence de presse de François Mitterrand de septembre 1981. Ils se définissent alors à l'aune de la grande exposition universelle programmée pour 1989, année des célébrations du bicentenaire de la Révolution française. Sur le modèle de l'exposition du centenaire de 1889, ces grands monuments se voulaient explicitement commémoratifs de la grande histoire dont le Président, dès les premières heures de son mandat, se faisait le délégataire. Ainsi, en lettres monumentales, allait se poursuivre le récit, ou plus exactement se répéter le message d'une histoire légendaire active par-delà les siècles. La période de rigueur budgétaire vint néanmoins à bout du projet d'exposition universelle. Cependant, et en dépit des colères de nombre d'experts comptables improvisés ou pas – y compris du premier d'entre eux, le ministre du Budget qu'évoque François Mitterrand dans son entretien avec Bernard Pivot –, l'histoire tout entière ne pouvait céder. Et à Paris, seule ville française à la hauteur de l'État, la nation devait trouver, par le biais des grands travaux, les moyens de son exposition. À plus petite échelle, d'aucuns pestèrent contre l'imposture de l'expression « grands travaux », embrassant sans vergogne les projets issus de la décision d'un Président comme les projets commencés par certains de ses prédécesseurs. C'était ne pas lire le message à l'endroit où il s'écrivait. Participant du récit de la nation, ces lettres monumentales écrivent le corps du représenté absent et ne sauraient donc être comprises comme autant de paraphes d'un représentant élu de telle à telle année. Le grand récit mensonger devait alors vaincre et, *in fine*, le processus de décision s'effacer de la mémoire collective, occulté par des rituels d'inauguration organisés sous l'égide de la République et autres discours *a posteriori* présentant par exemple ces formes comme « élémentaires, immobiles, silencieuses, universelles, ne donnant pas prise au temps » – c'est Dominique Perrault qui parle ici, dans l'entretien qu'il accorde à *Culture Publique* pour cet opus 2. Décemment, nul ne pouvait réclamer son dû, car, obscurément, chacun comprenait que l'affaire n'était pas là. En effet, manifestement, ces formes ne se dressent pas *in situ,* sur le territoire horizontal où se positionnent les forces politiques – personne ne saurait défendre que tel édifice est « socialiste », tel autre « UDF », comme il y aurait des lois de telle ou telle obédience –, mais sur le territoire historique immémorial sur fond duquel, précisément, opère le jeu des confrontations politiques quotidiennes. Le strabisme des analyses conduisait à occulter le premier pour demeurer rivé sur le second, jusqu'à ce qu'une sorte de reconnaissance – qui n'est pas nécessairement connaissance – se fasse, conduisant à ce que chacun voit autre chose que ce qu'il prétendait qu'il eût fallu y voir. Enfin, à une encore plus petite échelle, force est de constater que la logique institutionnelle présidant au programme des grands travaux déplaçait le grand œuvre dans un ailleurs de la gestion politique séculière. En effet, en dépit notamment des regrets tant de fois formulés par le ministre de la Culture, le dossier ne relevait d'aucune administration régulière, mais d'un secrétariat créé *ad hoc.* Émile Biasini, alors en charge de ce dossier, apparaissait comme le bras armé – le « bulldozer », selon le terme du Président – de la volonté souveraine. Cette organisation devait laisser pantois les professionnels de l'analyse des politiques publiques selon lesquels toute action publique répond à un objectif formulé qui trouve dans une administration sectorisée les moyens de sa réalisation. Or, dans le cas des grands travaux tels que nous les analysons ici, l'action n'a de raison que celle que lui rend l'histoire ; elle ne relève pas d'une politique publique au sens canonique du terme, mais d'une politique symbolique qui ne souffre d'aucune rationalité détectable. Elle relève d'un geste incroyable qui nous permet de croire.

PROMISCUITÉ

Sur le seuil de ces édifices, nous entrons clandestinement en religion. Et poser sa main sur la « peau » de l'édifice n'est toutefois pas caresser le corps divinisé d'un homme tyran ayant fait basculer l'histoire. Quelle instance saura faire la preuve de cette double démonstration, si ce n'est l'histoire au fond? Mais, déjà, le consensus large d'aujourd'hui semble attester la chose: l'existence de ces « monuments d'un autre monde » ne semble plus contestée comme telle, et même les polémistes d'hier paraissent embrasser le délire collectif, celui par le biais duquel l'espace politique tient. Celui-ci tient donc grâce à un dédoublement, une distance organisée entre un temps qui demeure et un temps séculier, celui du déploiement des affrontements politiques, le premier garantissant le second. Les grands travaux, comme d'autres gestes de démesure, rendent possible ce jeu. Sans cela, une promiscuité insupportable serait à l'œuvre, celle qui est caractéristique de tous les totalitarismes. Or, prendre à la lettre les discours contemporains rationnels, c'est suivre cette pente, c'est revendiquer l'écrasement des deux registres, c'est follement rêver que nous nous retrouvions, sur la scène politique, dans un face-à-face confiné avec l'homme. « La critique rationnelle s'est retournée en obscurantisme », ne cesse de démontrer Pierre Legendre [4]. Cet obscurantisme-là fut à l'œuvre durant les épisodes de déraison politique, lorsque le corps privé du représentant est devenu cette présence totale achevant par là même l'histoire et ses déploiements. Jean-Marie Apostolidès expose la logique du processus en question: « Le corps privé doit entretenir avec le corps symbolique un rapport équilibré. Pour qu'un prince atteigne sa dimension de roi, il doit sacrifier spectaculairement le premier et refuser les plaisirs ordinaires des

4. *P. Legendre,* La 901e Conclusion. Étude sur le théâtre de la Raison, *Paris, Fayard, 1998, p. 302.*

hommes. *[…]* Si le roi ne se résout pas à cet acte, il se change en tyran ; les satisfactions qu'il s'accorde au niveau du corps privé entraînent la destruction du corps symbolique et la ruine de l'État [5]. » Le renversement du montage garantissant la raison politique résulte donc de la confusion entre le corps structurellement absent de la représentation – ce corps énigmatique à l'œuvre dans les monuments – et le corps physique de son délégataire, celui-ci ayant refusé le sacrifice de soi. Dès lors, dans un régime totalitaire, l'absence n'a pas lieu et un homme incarne totalement la référence jusqu'à rendre le pouvoir absolument présent. Par un effet de collage à l'absolu, le chef se hisse ainsi en personne en position divine, prenant place notamment au lieu de l'origine et de la mort. Ici, les subterfuges n'ont donc pas lieu, et la magie qui conditionne notre raison politique s'étiole jusqu'à ce que se réalise l'insensé. À l'inverse, la magie opère lorsque la référence s'écrit en lettres monumentales, mettant à distance de tous, et de l'homme président lui-même, le point d'origine. Alors, il mourra sans que l'édifice s'effondre, car de lui ne cessera de vivre cette part absente dont il aura été le délégataire. En somme, les grands travaux furent de ces œuvres magiques que, dans l'histoire et à quelques exceptions tragiques près, nous n'avons cessé d'entreprendre afin que l'absence ait lieu.

5. J.-M. Apostolidès, Le Roi-machine, spectacle et politique au temps de Louis XIV, *Paris, Minuit, 1981, p. 153.*

« Matisse disait avec humilité... » /

« J'ai trouvé, en prenant mes fonctions,

une situation où les initiatives étaient nombreuses... » /

La commande et l'époque / L'inacceptable

sous-développement culturel français /

« Monsieur le maire… » / Après la conquête

figures

L'introduction du ministre à la conférence consacrée au programme d'actions entreprises dans le domaine des arts plastiques pour l'année 1982 est irriguée de bout en bout par l'instance du « ici et maintenant ». L'urgence du décompte, à l'orée de la seconde année du ministère Lang, traduit sans aucun doute chez le ministre la volonté d'inscrire dans le marbre les « réalisations » de la commande publique dans une période où, en témoigne le nombre de notes au Président sur la question, la bataille budgétaire fait déjà rage au sein du gouvernement. De plus, ce texte à la tonalité assez défensive est, à plus d'un titre, significatif de la fragilité de l'entreprise, tant le ministre s'échine à anticiper les accusations de « parisianisme » et de « faste florentin » qui se font jour jusque dans les rangs de la gauche.

Jack Lang

« Matisse disait avec humilité... »

Introduction à la conférence des 19-20 juin 1982, Le Cateau-Lille, « Programme des actions entreprises dans le domaine des arts plastiques pour 1982 : 72 mesures pour la création artistique ». Extraits.

« Matisse disait avec humilité : « Je crois qu'en dessin j'ai pu dire quelque chose. » La modestie de l'un des plus grands artistes du XXe siècle doit éclairer l'action du ministre de la Culture en matière d'arts plastiques. Pour être un grand créateur, Matisse avait-il besoin d'un ministre de la Culture ?

La modestie de Matisse nous invite donc à la modestie. La création ne se décrète pas. Cela ne veut pas dire que l'État ne doive pas agir. Mais il doit le faire avec modestie. Le rôle de l'État est simplement d'encourager la création, d'en favoriser la diffusion et d'assurer la concertation avec tous ceux qui en sont les acteurs passionnés, et ce n'est pas un hasard s'il aura fallu neuf mois de concertation avant d'être en mesure d'annoncer les actions décidées par le ministre de la Culture en faveur des arts plastiques. Un enfantement auquel se sont consacrés Claude Mollard, nouveau délégué aux Arts plastiques, et Michel Troche, responsable de la Commission de réflexion et de concertation *[...]*.

Les arts plastiques constituent peut-être le secteur le plus sinistré de notre vie culturelle. Seul un plan ambitieux auquel le gouvernement apportera son appui peut leur redonner la place qui leur revient.

Création :

Dans ce domaine, comme dans les autres secteurs de la culture, la priorité va à la création. Elle est à l'origine de tout, et tout doit conduire à elle. Une nation qui ne crée plus est une nation qui se perd. En dépit des conditions de vie qui se sont dégradées ces dernières années, les artistes de France n'ont cessé pourtant de créer. Mais trop souvent dans l'ombre, dans l'impuissance et le mépris. Une société où l'impératif du profit est la mesure de toute chose est une société qui pervertit le sens de la création, une société dont les artistes ne sont pas reconnus et dont les valeurs s'élaborent en dehors du sol national, ce qui étouffe la création des artistes français. Favoriser la création, c'est donc d'abord reconnaître la liberté des créateurs. La liberté des créateurs, c'est, au premier chef, leur liberté de conscience. La France, terre de liberté, doit plus que jamais être ouverte à tous ceux qui, Français ou étrangers, ont choisi la gratuité de la recherche et l'aventure personnelle. *[...]*

L'État ne peut ni ne doit se substituer à la création, qui est empreinte de singularité, de liberté, de critique. Mais il doit en favoriser l'environnement. Tel est le but poursuivi par le Fonds d'incitation à la création (Fiacre). Plus de cent projets sont déjà nés avec son appui dans de nombreuses régions : aide au rapprochement de la création et des nouvelles technologies, ouverture d'ateliers publics de création, soutien des galeries de promotion, encouragement à des collectifs ou des associations d'artistes, incitation à l'ouverture des arts plastiques à d'autres disciplines comme la littérature, la musique ou le théâtre, insertion de centres de création dans les écoles d'art... Les 9/10e de ces projets sont réalisés hors de Paris. La décentralisation devient une réalité, et l'action du Fiacre révèle une multitude de centres d'initiatives répartis sur tout le territoire. Le « désert français » ne demande qu'à fleurir. *[...]*

Décentralisation :

Pendant des siècles, la France a connu une création artistique concentrée sur Paris. La décentralisation politique et administrative conduite par le gouvernement doit être aussi artistique. Il faut que les futurs Matisse de l'an 2000 puissent travailler au pays. Les régions doivent être des entités culturelles fortes, capables d'affirmer leur personnalité au regard des autres régions de France, mais aussi des pays étrangers. *[...]* Il faut imaginer dans chaque région de France un ou plusieurs centres d'art contemporain, prenant appui tantôt sur une école d'art, tantôt sur un musée, tantôt sur une association d'artistes. Ces centres où viendront se nourrir les initiatives locales pourront largement s'inspirer de l'expérience conduite à Grenoble par Pierre Gaudibert dans le cadre du futur Centre national d'art contemporain. Ils doivent être des foyers de formation active, de création vivante, de large diffusion autour de collections cohérentes d'art contemporain. La délégation aux Arts plastiques disposera, pour aider à la réalisation de ces projets, d'un conseiller artistique dans chaque région. Elle aidera à la constitution de 22 fonds régionaux d'art contemporain avant la fin de l'année 1982.

Commande publique :

Si, en ce domaine, les pouvoirs publics ne peuvent tout faire, ils peuvent au moins donner l'exemple. Tel est le sens des actions de relance que nous attendons de la commande publique. Le 1 % du montant de la subvention de l'État aux constructions publiques a été élargi à de nombreux ministères. Il doit être, à l'occasion de la décentralisation, élargi aux constructions des collectivités locales, ce que prévoit le projet de loi sur la nouvelle répartition des compétences. Nous devons procéder à un aménagement de la procédure et contribuer à une plus large information.

Le Fonds national d'art contemporain a vu ses moyens quadrupler en un an. De nombreuses œuvres d'art seront mises en dépôt dans les régions. Je souhaite que des expositions rendent compte de cette politique d'achat sans précédent.

Un fonds d'aide à la commande publique sera créé en 1983 afin d'apporter son concours aux collectivités publiques qui engageront des projets de qualité pour des aménagements tels que des jardins, des fontaines publiques ou des sculptures *[…]*.

Par la commande publique, l'art doit faire irruption dans la cité. S'offrir aux yeux de tous *[…]*. »

L'heure des bilans arrive, un mois à peine avant le premier tour de l'élection présidentielle. L'exercice est d'autant plus délicat que le successeur de Lang n'a eu dans le fond que le temps de voir se mettre en œuvre les décisions de son prédécesseur – en témoigne le début de cet extrait consacré à la continuité de l'État –, si ce n'est sur les questions de l'audiovisuel – la privatisation entre autres de TF1. Qui plus est, cette tête de pont des « quadras » de la droite, fer de lance de la rénovation de la droite par son aile libérale, mais soucieuse de renouer avec l'idée d'une nouvelle « nouvelle société » façon Chaban-Delmas 1971 – François Léotard est un peu celui qui fait le pont entre le candidat RPR Jacques Chirac et le docte candidat de l'UDF Raymond Barre –, se doit d'esquisser quelques angles programmatiques : le ministre choisit ici de centrer son propos sur les conditions de mise en œuvre de la politique de l'État en matière de commande publique, le partenariat avec les collectivités locales et territoriales, ou comment se donner les moyens d'en finir avec l'antienne du budget de la culture.

François Léotard

« J'ai trouvé, en prenant mes fonctions, une situation où les initiatives étaient nombreuses… »

Conférence de presse sur deux ans de commandes publiques, 15 mars 1988. Extraits.

« *[…]* J'ai trouvé, en prenant mes fonctions, une situation où les initiatives étaient nombreuses – sans doute exagérément –, avec un foisonnement d'idées et de propositions, mais avec pour revers un éparpillement et une confusion certaine. La première commande que j'eus d'ailleurs à connaître était en quelque sorte le symbole de cet « activisme » qui fut pour de nombreuses personnes – et qui est encore – un traumatisme évident: la commande passée à Daniel Buren pour la cour d'honneur du Palais-Royal. Cette opération, dont j'ai tenu personnellement à décider l'achèvement, m'a tout de suite mis au cœur des contradictions dont la commande publique est porteuse: d'une part, le respect légitime d'un patrimoine existant, d'autre part, la nécessité d'une création renouvelée, le tout sur un fond spécifiquement français – et hautement nécessaire – de respect des droits intellectuels et moraux des artistes. Ces discussions – certains diraient ces polémiques – m'ont semblé fructueuses, l'enjeu important et le débat nécessaire. C'est pourquoi j'ai décidé la poursuite des commandes publiques et le maintien du volume d'activités.
Comme vous le savez, le Fonds de la commande publique est de création récente – 1983; l'administration des affaires culturelles n'avait pour unique expérience de la commande publique que les opé-

rations dites de 1 %, c'est-à-dire des crédits liés à la construction de bâtiments le plus souvent scolaires (1 % du montant des subventions d'État versées est réservé aux artistes) et soumis à une procédure rigoureuse de choix et d'utilisation. C'est des leçons du 1 % et de l'évolution de l'art public que le Fonds de la commande publique est né. Ce mécanisme plus que trentenaire qui a largement fait ses preuves puisque de nombreux artistes y ont collaboré doit s'accompagner désormais de commandes indépendantes de l'architecture, et j'ajouterai distinctes d'un choix des artistes par des architectes. Je vois dans le Fonds de la commande publique comme un nécessaire complément du 1 % décoration, qui demeure par ailleurs. *[...]*
C'est avant tout avec les collectivités locales que le dialogue s'est accru, et surtout que les parts respectives des dotations de crédits de la commande publique entre Paris et la province se sont inversées. Ce changement est manifeste dans les deux derniers budgets, puisque ce sont plus des trois quarts des sommes qui sont consacrés aux régions, aux départements, aux communes en dehors de la capitale. J'ai demandé d'ailleurs une pause des commandes publiques à Paris tant que les implantations des « Hommages » – Bernanos, Berty Albrecht, Saint-John Perse, François Mauriac, Dreyfus – ne seraient pas faites. La concertation reprise depuis plus d'un an avec la Ville de Paris porte d'ailleurs ses fruits puisque les emplacements sont presque trouvés. *[...]*
L'art public connaît actuellement un développement sans précédent dans les villes de nos régions, et nous sommes quotidiennement saisis de demandes pour des commandes publiques. Cela est presque devenu un réflexe, un besoin, une nécessité pour une collectivité locale d'avoir un dialogue avec un artiste. Sur les places publiques comme dans certains paysages ruraux, dans les centres-villes historiques comme dans les villes nouvelles et les quartiers dits de « développement social », des œuvres bénéficiant d'aides importantes de

l'État témoignent de l'action des municipalités en faveur de l'art contemporain. Un dialogue permanent se noue avec les élus, et s'instaurent une consultation des artistes et une mise en concurrence des entreprises qui réalisent leurs œuvres ; j'ai actuellement des projets en cours aussi bien à Rennes, à Clermont-Ferrand, à Amboise, à Nîmes et à Châlons-sur-Saône.
Pas de sectarisme non plus dans le choix des artistes, et là je rends hommage à la longue expérience de Dominique Bozo, dont le souci constant est de veiller à ce qu'il n'y ait pas d'exclusive, et donc d'« oubliés », et d'élargir toujours plus le choix, à la fois en direction des jeunes artistes et de ceux qui comptent sur la scène internationale de l'art. *[...]*
Mais il ne suffit pas de se préoccuper de la bonne insertion des commandes, car la vie des œuvres ne s'arrête pas le jour de leur installation. Au contraire, elle commence, et il faut en assurer l'entretien vigilant. Les villes bénéficiaires s'engagent dans la plupart des cas à veiller au maintien « en bonne forme » des œuvres. Et, dès cette année, pour éviter les dégradations qui sont trop souvent le lot des 1 % – je dirai la honte – puisque des établissements scolaires n'arrivent pas à les entretenir, le Fonds de la commande publique dégagera un budget de 500 000 francs pour l'entretien des sculptures et fontaines installées depuis plusieurs années. C'est un soin constant que toutes ces œuvres exigent, et dans tous les sens du terme, puisque je dois veiller à ce qu'elles soient accueillies, comprises, aimées. *[...]* Pour résumer, les maîtres mots sont désormais rigueur, exigence de qualité, dialogue. *[...]* »

« La création ne se décrète pas. » Jack Lang se fait le porte-drapeau d'une formule emblème qui, dès 1982, guidera la définition de la commande publique parvenue à son âge moderne. Le terme même de « commande » serait alors devenu impropre. À partir de ce paradoxe, Jean-Louis Déotte, philosophe et professeur d'esthétique à Paris VIII, est invité à mettre en perspective le régime contemporain d'une politique pluriséculaire. Une telle analyse ne saurait faire l'économie d'une généalogie des régimes mêmes de l'art. Tel est le nerf de la démonstration de l'auteur. Traversant les âges, celui-ci en vient à renverser la proposition initiale pour défendre que, toute manifeste qu'elle soit, la commande publique contemporaine ne l'est jamais davantage que lorsqu'elle produit de l'invisible.

Jean-Louis Déotte

La commande et l'époque

Contribution, octobre 2004.

La question de la commande ne se réduit pas au problème du mécanisme de la décision : Qui a légitimité pour commander ? À qui ? Comment choisir ? Comment « communiquer » ce bon choix ? Nous assistons aujourd'hui à un retournement paradoxal, qui interroge l'essence du pouvoir actuel : c'est dorénavant l'artiste qui doit provoquer la commande. Cela suppose que l'artiste sache qu'on ne produit qu'en fonction d'une commande, que cette commande ne peut être de son fait à lui, artiste, qu'il ne peut se passer commande et que pourtant cet autre nécessaire à la commande n'existe pas de fait. Que lui, l'artiste, doit donc aider l'autre à accoucher d'une commande. Qu'est-ce qui empêche l'autre de passer commande ? C'est qu'il est le vainqueur de la culture et qu'en tant que tel il peut tout au plus commander à un architecte un musée pour abriter sa collection. L'État, le plus grand des collectionneurs, et les mécènes ne peuvent aller plus loin. C'est qu'il y a un risque qu'ils ne peuvent affronter, plus grand que la tentative de l'artiste de répondre à la commande, c'est de s'exposer dans une commande. C'est de s'exposer tout court.

Jochen Gerz, artiste allemand installé en France depuis plus de quarante ans, ne se reconnaît pas comme artiste du fait d'une maîtrise, d'un savoir-faire, spécifiques, même poétiques. Mais dans l'art d'accoucher l'autre d'une commande. Il développe ainsi une œuvre paradoxale. En apparence, il prend en charge les victimes de l'histoire contemporaine ; en fait, il va au cœur de la question de la commande publique. Il pourrait participer à l'actuel courant de victimisation ; en réalité, il dit des victimes : ne nous occupons pas d'elles, elles ne sont plus. Occupons-nous de nous. Déjà l'obélisque disparaissante de Harbourg demandait à ses spectateurs : où étiez-vous au moment des faits (*Monument contre le fascisme,* 1986-1993) ? Après, à Sarrebruck, les pavés retournés de la cour du château du Land – chaque pavé portant sur sa face enfouie le nom d'un cimetière juif vandalisé par les nazis – continuaient d'être écrasés par des fonctionnaires allemands là où passaient auparavant des membres de la Gestapo (*Monument contre le racisme,* 1993). À Biron, dans le Périgord, il demandait aux habitants : « Y a-t-il une chose pour laquelle vous accepteriez de sacrifier votre vie ? » Et les réponses furent affichées sur le monument aux morts (*Le Monument vivant,* 1996). À de vieilles femmes de Cahors qui avaient connu la guerre, il demanda de témoigner au moment où se déroulait le procès Papon à Bordeaux (*Les Témoins,* 1998). Pourquoi des vieux ? Parce que ces derniers disent ne plus rien avoir à dire : soit qu'ils n'en ont plus le courage, soit qu'ils en ont trop vu, soit qu'ils aient atteint un tel degré de sagesse qu'ils sont au-dessus du discours ? À Paris, en 2000, devant Notre-Dame, il incita des clochards – ces disparus de la société, ni morts ni vivants parce que invisibles – à prendre la parole et à écrire sur le sol (*Les Mots de Paris,* 2000). Ce faisant, il trace le cadre d'un nouveau régime de l'art.

Jacques Rancière, quand il distingue des « régimes de l'art » (*Le Partage du sensible,* éd. La Fabrique, 2000), semble dresser, épistémologiquement, des modes de légitimité des arts. Pour mémoire : le « régime éthique » des images a comme matrice *La République* de Platon, le « régime représentatif », la *Poétique* d'Aristote, et le « régime esthétique », Flaubert (en particulier *Madame Bovary*). Ces régimes ne correspondent pas automatiquement à des périodes historiques, ils peuvent être à l'œuvre au même moment dans la même production et, ce faisant, y introduire des logiques contradictoires. Le cinéma *(La Fable cinématographique)* sera ainsi analysé selon les effets contraires des logiques de l'esthétique et de la fable (la représentation). Néanmoins, certaines périodes, certains genres artistiques, exemplifient davantage certains régimes que d'autres : le théâtre classique français du XVIIe siècle pour le régime représentatif, la littérature française de la seconde moitié du XIXe siècle pour le régime esthétique.

Le cadre du régime représentatif n'est autre que celui de la commande artistique « classique » : alors l'artiste (écrivain ou peintre, etc.) savait à qui il devait s'adresser, à quel public, comment le faire, avec quels mots, quels thèmes, quels personnages, pour mettre en scène quelles passions, pour obtenir tels effets. Bref, le public étant connu, l'art essentiellement rhétorique (peinture d'histoire, tragédie, sculpture monumentale, etc.) devait produire des œuvres immédiatement parlantes, présentant à leur tour des modèles d'éloquence à un public constitué d'acteurs politiques, d'hommes d'Église, de chefs de guerre : autant de tribuns et d'orateurs. Les règles du bon goût artistique pouvaient évoluer du fait des discussions et des débats entretenus par les Académies : la querelle des coloristes (Roger de Piles) au XVIIe siècle est restée dans les annales de l'Académie des beaux-arts, mais le consensus sur ce qu'on devait attendre d'une représentation (dans le sens le plus général) était bien établi. C'est ce consensus qui ferme la question de l'art, car les œuvres sont ainsi formatées.

Ce sont les romantiques d'Iéna, à l'extrême fin du XVIIIe siècle qui, les premiers, poseront la question de l'art et, par voie de conséquence, de la commande, faisant entrer l'art dans son régime « esthétique », non représentatif. Dès lors, tous les principes, toutes les finalités, seront remis en cause : l'art entrait en crise pour ne plus en sortir. L'art « moderne » refuse le formatage. Cette crise est déjà sensible quand Gotthold Ephraïm Lessing écrit le *Laocoon.* On sait que, introduisant le divorce entre les arts de l'espace (sculpture, peinture) et les arts du temps (poésie), il permettait aux premiers de s'émanciper de la rhétorique en interrogeant ce qui advient aux corps aux prises avec l'événement, les arts de l'espace étant toujours en retard sur l'événement, ceux du temps liés à l'actualité d'un geste au moment de l'action qui fera événement (cf. notre analyse du *Laocoon* dans *L'Homme de verre. Esthétiques benjaminiennes,* 1999). On ne remarque pas en général que, ne réfléchissant que sur un seul exemple – la statue hellénistique du *Laocoon* –, Lessing passait subrepticement du régime « représentatif » au régime « esthétique », puisqu'il analysait un exemple parfaitement muséal, un « suspens » (cf. notre ouvrage : *Le Musée, l'origine de l'esthétique,* 1993). Car Lessing savait bien qu'il ne pouvait prendre en considération la spécificité des arts de l'espace dans leur rapport à l'événement qu'en tant qu'arts du musée. Le *Laocoon,* en son temps, aura certainement eu une destination communautaire, mais, de ce qu'il est placé dorénavant sur un socle dans un lieu muséal, étant donc comme suspendu (la finalité sans fin du Kant de *La Critique de la faculté de juger*), il n'est plus indispensable à une communauté pour persévérer dans l'être. Bref, il peut donner lieu à une jouissance désintéressée, strictement esthétique, et donc à la critique d'art et à l'esthétique comme discipline, ce qui n'était pas le cas avant puisqu'il avait une destination cultuelle. Ce qui mettra donc en crise la commande « classique », c'est l'apparition au cœur du XVIIIe siècle de l'appareil du musée (cf. notre ouvrage : *L'Époque des appareils, Lignes-Manifeste,* novembre 2004), lequel coupe l'œuvre de sa destination cultuelle et l'offre à la contemplation esthétique. À partir du moment où des œuvres appartenant à des genres différents (de la « grande » peinture d'histoire aux portraits) seront exposées, même temporairement, dans un même lieu, comme le salon carré du Louvre, les grandes hiérarchies, qui sont la clef des systèmes des beaux-arts, seront invalidées, ce dont témoignent les écrits critiques d'un Diderot. La commande commencera à errer, et on verra apparaître des genres nouveaux qui n'auront qu'un représentant produisant quelques œuvres (cf. Watteau, *L'Embarquement pour Cythère*). Devant ces œuvres énigmatiques, chacun pourra se demander alors : Quelle fable est narrée ?

Prendre la question de la commande par le biais des régimes de l'art, c'est montrer qu'il y a des liens nécessaires entre esthétique et politique, puisque la question de la reproduction de la communauté par la médiation de l'art est bien cernée. Mais il y a un type de commande qui fait époque qu'on ne peut aborder qu'en dissociant rhétorique et analyse des appareils. Il faudra alors se séparer de la sociologie et de l'herméneutique pour se demander : Qu'est-ce qui donne son assiette métaphysique à une époque ? On pressent bien que, si Aristote, comme chez Rancière, peut rendre compte aussi bien de la tragédie de Sophocle, comme des finalités du tableau selon Alberti, comme de l'écriture de Racine, comme du cinéma hollywoodien d'avant guerre, c'est qu'on n'a pas assez discriminé ce qui fait époque. Certes, il y a des invariants culturels, mais ces derniers ne permettent pas de rendre compte des effets de destination qui font que les communautés, en tant qu'elles sont appareillées, ne se ressemblent pas. Une analyse plus fine de certaines œuvres classiques permettrait de dissocier deux types de commande : l'une sociale, passant par les institutions de légitimation sociale et esthétique, qui trouve sa clef dans la rhétorique classique, l'autre métaphysique, dans l'analyse des appareils en jeu.

La carrière du sculpteur Abraham Bosse (1602-1676) au cœur du Grand Siècle est éclairante : certes, il introduit des thèmes nouveaux à côté de sujets bibliques ou antiques : les métiers, le respect des caractéristiques locales et contemporaines, etc. Mais surtout, bien que académicien, il récuse la prééminence de la rhétorique aristotélicienne, base de toute commande sociale, pour se mettre au service d'une commande métaphysique, laquelle évidemment n'aura été passée par personne et que personne n'aura pu lui passer personnellement : l'origine de la perspective. Son choix, quasi inspiré, du dessin soumis aux impératifs de la perspective, analysés par Gérard Desargues, contre ceux de la narration, représentés par le peintre de cour Le Brun, le conduisit à l'exclusion de l'Académie. Certes, il pouvait y avoir chez lui du calvinisme dans cette décision (comme le rappelle dans sa présentation du *Peintre converti aux règles de son art,* Roger-Armand Weigert, éd. Hermann, 1964), mais ce qui importe, c'est qu'au lieu de rabattre les beautés rhétoriques sur celles de la géométrie, comme l'aurait fait n'importe quel artiste français de son temps, il sut imposer les nécessités d'un appareil (la perspective) contre les impératifs sociaux de la commande publique. Il y eut chez Bosse un véritable purisme, un choix certes suicidaire, mais qui s'explique ainsi : on peut penser que, faisant de Desargues son véritable mentor, il se plaçait sous la loi d'une géométrie radicale, puisque le théorème de la section des coniques faisait entrer l'acquis empirique des peintres perspecteurs dans le domaine des idéalités mathématiques et que la géométrie de Desargues – qui ne fut reconnue que deux siècles après – était l'aboutissement de la philosophie du cogito de Descartes (cf. l'étude de Maurice Porchet sur Desargues et Descartes, à paraître). Bref, le « sectarisme » de Bosse n'était rien d'autre que la volonté d'imposer au dessin la puissance de la philosophie du sujet métaphysique, laquelle fit véritablement époque. La distinction entre commande sociale et esthétique et commande époquale d'appareil est fondamentale dès que les arts sont appareillés par le musée, devenant « modernes », échappant pour l'essentiel à la commande publique pour expérimenter d'autres appareillages qui les mettront à l'épreuve d'une manière inouïe. Ce sera le cas de la photographie, ce dont témoigne Baudelaire, du cinéma (les futuristes), de la psychanalyse (le surréalisme), etc. C'est parce que peinture et sculpture ont été livrées à l'essentiel, libérées, du fait du musée, qu'elles deviennent les otages d'appareils qui ont en commun d'être post-révolutionnaires, c'est-à-dire travaillés par la perte et l'oubli.

Ces appareils vont par ailleurs faire intervenir une autre dimension de la reproduction des œuvres, reproduction qui cessera d'être artisanale (gravure) pour devenir industrielle (photographie). Ce qui implique que, là où auparavant la commande publique était le fait d'un prince, dorénavant elle deviendra le fait de la masse. Car la masse, par la reproduction industrielle des œuvres, cherchera à s'approprier non l'œuvre dans son unicité, mais une copie, un modèle réduit. Ce sera un juste retour des choses, comme le note Walter Benjamin à l'époque où il écrit *L'Œuvre d'art à l'époque de sa reproductibilité technique,* parce qu'en fait les grandes œuvres du passé ont été l'œuvre de la masse et non seulement d'un artiste qui n'est qu'un fétiche. Avec la « modernité », c'est la masse (l'humanité, le prolétariat, etc.) qui passe commande aux artistes. Raison pour laquelle le public fait nécessairement défaut, parce qu'un horizon d'universalité ou une idéalité ne sont pas configurés sociologiquement.

Les avant-gardes vont donc transformer les masses en idées de la raison politico-esthétique. Benjamin ira même jusqu'à proclamer un droit nouveau, politique, que le cinéma rendrait possible, selon le modèle des avant-gardes russes. Grâce au cinéma, les masses vont enfin, écrit-il, avoir le droit de donner d'elles-mêmes des apparences. Ceux qui étaient condamnés à l'obscurité du travail salarié vont pouvoir monter sur la scène publique en renversant les dispositifs de surveillance qui les objectivaient, le test professionnel deviendra œuvre d'art. C'était avant l'épreuve de la disparition de masse (camps de la mort, bombardement atomique). Mais, depuis, nous sommes entrés dans une ère anthropologique où les rituels funéraires font cruellement défaut (cf. Alain Brossat, *Le Corps de l'ennemi*). Le partage de la politique classique entre vainqueurs et vaincus est remplacé par un partage inouï, renvoyant l'humanité à une sorte de pré-humanité qui n'est pas l'animalité. Car l'humanité, c'est l'invention de la mort comme absolue altérité. C'est le partage radical entre morts et vivants, partage bien plus originaire que l'interdiction de l'inceste s'imposant aux mâles de la horde sauvage (cf. Freud et Lévi-Strauss). Le partage n'est plus entre tels vainqueurs de l'histoire et tels vaincus, car ces derniers n'auront laissé aucune trace : ce sont les engloutis, ceux qui ont été comme aspirés par la Terre, dont le sort restera à jamais inconnu et qui, pour cette raison, sont condamnés à errer et à rendre impossible aux survivants tout projet. Les artistes d'après-guerre comprendront peu à peu qu'ils n'œuvrent plus pour de futurs vainqueurs mais pour tenter de configurer ce qui ne persiste que sous forme d'affect inarticulé (cf. François Lyotard, *Le Différend*).

Au fond, la production du plasticien Jochen Gerz n'a qu'un objectif : réintroduire les vainqueurs sous le joug de la loi d'exposition. Pour les autres, il est trop tard : on ne pourra plus rien pour eux. Nous sommes les vainqueurs, nous, Occidentaux, de toutes les batailles ; batailles dont le champ ne fut pas nécessairement ou pas seulement politico-militaire. Car les révolutions du siècle dernier furent essentiellement culturelles : ce qui rejoint l'intuition matricielle de Benjamin. La preuve que nous sommes vainqueurs : nous avons limité l'essentiel de la violence au monde à la télévision ; pour le reste, la pacification est en bonne voie. Autre preuve : nous aimerions bien passer commande à l'artiste, mais nous n'avons rien de précis à commander. Pas de thèmes à représenter. Nos représentants lui disent : « Exprimez-vous, créez quelque chose ! Faites de l'art,

vous aurez un budget. Mais ce n'est pas à nous de dire ce que vous avez à faire. L'art n'est-il pas autonome ? » L'insatisfaction du public devant les « arts contemporains » ne provient pas d'un goût cultivé mis à mal par des productions qui le désorientent ni par le spectacle d'une autonomie artistique débordant des limites imprécises. Non, les vainqueurs de la culture (dans tous les sens du terme) savent qu'ils ne peuvent être qu'en apparaissant mais qu'ils ne sont plus dans la position de commander cette apparition.
Jochen Gerz interroge cette énigme : les collectifs, les représentants politiques, comme par exemple à Biron, se dessaisissent de la commande en la faisant relayer par des comités d'experts, de spécialistes, des jurys. Est-ce qu'on ne peut pas sonder cette incapacité à faire surgir en faisant cette hypothèse que ces États, ces collectivités, la masse elle-même, tous savent bien que leur prospérité actuelle, leur sécurité, leur bien-être, reposent sur toute une spectralité qui est là sans être là bien sûr ? Jochen Gerz en conclut qu'un monument serait la pire des choses : une érection, pour quelle vérité ? Déjà, le monument de Harbourg, « contre le fascisme », était destiné à s'effacer, à disparaître, parce qu'il n'avait pas à rester le seul témoin d'une époque où personne ne songeait à témoigner : « Pourquoi le ferai-je à votre place ? Où étiez-vous alors ? » Ériger un lieu de mémoire, c'est chastement poser un linge sur ce qu'on veut oublier. S'il y avait encore commande publique, alors elle devrait rester insatisfaite. L'artiste déçoit parce que c'est la commande qui, en elle-même, est la question. Celui qui l'intéresse le plus aujourd'hui, ce n'est pas celui qui croit pouvoir passer commande, l'honnête homme cultivé, car avec lui il faudrait entrer dans une sorte de maïeutique telle que la pratiquait Platon dans le *Ménon* : « Vous croyez que c'est simple de vouloir passer commande, je vais vous montrer votre impuissance à le faire. » Non, le bon commanditaire, c'est précisément celui qui est persuadé qu'il n'aura plus jamais à répondre à

aucune commande, celui que rien n'attend. Celui qui n'y est pour absolument personne. Celui qui n'est dans aucune réciprocité. Qui est tombé, de fait et non par choix, dans l'impassibilité. Celui qui n'est ni vu ni invisible, « l'invu », qui ne va pas tarder à couler définitivement parce qu'il ne peut être rattaché à aucun lieu.

La spectralité sociale: c'était l'enjeu de la dernière action parisienne de Jochen Gerz, *Les Mots de Paris*. Qu'une place, en face de Notre-Dame, en l'an 2000, soit un lieu de réapparition pour ceux qui sont totalement étrangers à la dialectique des « sans part », un lieu de possible renomination. « Action de récupération », ont décrété les maîtres de l'action culturelle, les experts de la commande publique, les spécialistes institutionnels des arts contemporains. La réaction n'est pas venue des beaux quartiers comme lors de l'affaire des « colonnes » de Buren, mais de ceux qui ont l'habitude, selon l'expression de Rainer Rochlitz, de conjuguer « subversion et subvention ». On peut ne pas souscrire à la thèse de l'auteur, là n'est pas la question. Ou plutôt si: si Jochen Gerz n'a pas obtenu de subventions de l'État pour cette action, c'est qu'il n'y avait là rien de bien subversif, sauf à remettre en cause modestement l'identité des « arts contemporains » et de la « subversion », de l'art et du non-art, sauf à déplacer le partage du sensible, sauf à inaugurer un autre régime de l'art.

EN CHARGE DE LA COLLECTION ESTHÉTIQUES CHEZ L'HARMATTAN,
JEAN-LOUIS DÉOTTE A NOTAMMENT PUBLIÉ
L'ÉPOQUE DES APPAREILS, PARIS, LIGNES MANIFESTE, 2004.

Évincé du théâtre national de Chaillot en 1974, Jack Lang organise ce colloque l'année suivante sur le thème du « sous-développement culturel français » dans le cadre du Festival international de théâtre de Nancy. Nous sommes ici sur les terres inaugurales de la refondation culturelle, interprétée par celui qui, appelé en 1979 par François Mitterrand, rejoindra le parti socialiste pour concevoir le dépassement de la traditionnelle conception social-démocrate de l'action culturelle. La « tabula rasa *» envisagée dans l'extrait que nous publions ici ne peut se comprendre en dehors de ce contexte. Il faut avoir de même à l'esprit qu'il s'agit aussi, pour le futur ministre, de construire une légitimité politique au travers du maniement des champs lexicaux du Programme commun PS-PC-MRG signé le 29 juin 1971.*

Jack Lang

L'inacceptable sous-développement culturel français

Note introductive au colloque de Nancy des 10, 11, 12 mai 1975. Extraits.

Au lieu d'une multitude de rapports – denses et circonstanciés –, nous avons préféré proposer ce seul document – volontairement abrupt et court – à la réflexion des personnalités qui vont participer au colloque de Nancy sur le thème « Décentralisation culturelle : mythe, espoir ou réalité ? »

Pourquoi ce choix ? Parce qu'il nous a semblé qu'un texte de référence unique et commun aux différents intervenants faciliterait la mise en évidence des lignes de force et thèses en présence et contribuerait, par là même, à une claire information de l'opinion publique. Les conclusions – même contradictoires – de notre colloque auront ainsi une meilleure chance de constituer ultérieurement un point de départ à un vaste débat national.

I. – Les signes du sous-développement culturel français

La prolifération des discours et écrits sur la culture masque une vérité amère : la France est, sur le plan artistique, l'un des pays d'Europe les moins développés. À entendre et à lire depuis vingt-cinq ans tant de propos sur la « décentralisation », les « maisons de la Culture » ou les « Centres dramatiques », l'opinion a fini peut-être par s'imaginer que la France avait cessé d'être un désert culturel. Une fois de plus l'inflation des mots a caché la pauvreté des actes. Parmi tant d'exemples, sait-on qu'il existe aujourd'hui une dizaine de maisons de la Culture pour tout le pays, alors qu'André Malraux avait rêvé d'en installer une dans chaque département! Ajoutons-y quelques théâtres permanents dans quelques villes; ici ou là un festival qui, la plupart du temps, présente une production importée devant un public d'importation; un petit nombre encore d'entreprises de prestige. C'est un bilan désastreusement maigre; malgré les tentatives individuelles et les efforts des pouvoirs publics depuis 1945 – de Jeanne Laurent à André Malraux et à Jacques Duhamel –, faute d'une véritable volonté politique, faute de continuité et faute de moyens, les réalisations accomplies sont sans commune mesure avec les besoins du pays. Les faibles résultats acquis sont eux-mêmes aujourd'hui mis en cause par le secrétariat d'État à la Culture.

Trois signes de cette misère culturelle peuvent, parmi d'autres, être relevés:

1) L'absence d'une véritable vie culturelle et artistique dans la plupart des villes de France. À huit heures du soir, à Limoges, à Dijon, à Lille, à Carcassonne ou ailleurs, une sorte de mort collective s'installe. À la même heure, dans n'importe quelle petite ville allemande, le citoyen a le choix entre plusieurs pièces de théâtre et concerts, deux ou trois opéras et spectacles chorégraphiques, tous réalisés sur place.
Pourquoi trente ans après la Libération, les 46 millions de Français qui n'habitent pas Paris ou Lyon sont-ils encore privés, en 1975, d'une vraie vie artistique et culturelle?

2) Le pillage au profit du centre de Paris ou le sous-emploi dans les provinces des richesses intellectuelles artistiques et des talents.

Faute d'un climat artistique et intellectuel favorable à la création, et en raison de l'indigence de l'équipement matériel qu'ils trouvent dans leur région, des milliers de jeunes artistes et intellectuels s'exilent à Paris ; ceux qui, résistant à cette tentation, décident de rester sur place voient leur expérience rapidement découragée. Les provinces ainsi s'appauvrissent progressivement et perdent leur vitalité.

3) La stagnation de la création artistique française. La dépossession des provinces n'enrichit pas pour autant la création au centre de Paris. À Paris même, l'invention et la recherche ne trouvent guère l'équipement nécessaire, et les jeunes artistes du théâtre, du cinéma, de la peinture, de l'architecture rencontrent de graves difficultés pour s'exprimer. D'une manière générale, la France n'est à la tête d'aucun grand mouvement artistique – à quelques exceptions près. Parallèlement, les moyens d'expression de masse – radios, télévisions – engendrent rarement un courant artistique nouveau. Ils favorisent le goût de l'insignifiance et la propagation d'une sous-culture.

Il n'est plus possible de s'accommoder d'un tel gâchis. Il faut réagir avant que ce processus de dépérissement intellectuel ne devienne irréversible.

II. – Comment vaincre le sous-développement culturel français ?

1) Le temps des mesures partielles est révolu. Face à l'immensité des besoins, la politique des actions éparpillées et ponctuelles ne peut fournir que des solutions dérisoires. Créer dans une ville un nouveau théâtre ou un festival ne suffit pas à enrayer la dégradation que nous dénonçons, tant que ce théâtre ou ce festival nouvellement créés demeureront isolés dans un environnement social indifférent, sinon hostile.

Il faudrait, au contraire, imaginer pour chaque ville un plan de réanimation artistique globale, qui comporterait une intervention massive et diversifiée de la collectivité publique, la réalisation d'un grand nombre d'équipements et la mise en place d'une multitude d'équipes de création dans tous les domaines artistiques et intellectuels (théâtre, peinture, musique, presse, architecture…). Dans ce domaine, seule la prodigalité peut être source d'un renouveau. Seule la prodigalité peut être « rentable ».

La poursuite d'un tel objectif réclame naturellement beaucoup de courage, de générosité et d'obstination pour vaincre l'esprit « poujadiste » qui, en matière culturelle, imprègne divers secteurs de l'opinion. Il ne faut pas en effet oublier que deux mythologies, profondément enracinées dans la conscience nationale, se conjuguent pour faire obstacle à la conduite d'une politique culturelle ambitieuse : la mythologie des vertus de la pauvreté dans l'art et celle du surgissement spontané du génie créateur.

2) Une renaissance ne peut survenir qu'à la suite d'une impulsion du gouvernement national. Quel que soit l'état d'avancement de la décentralisation administrative – dont on doit souhaiter l'accélération –, les collectivités locales seront longtemps encore mal armées pour faire face à cette situation. Le développement culturel, tout comme l'éducation, est une question nationale qui réclame d'abord des solutions nationales.

Si, à la fin du XIXe siècle, la mise en place du système d'éducation primaire avait dépendu des collectivités locales, il eût fallu plus d'un demi-siècle pour le réaliser, avec des risques d'inégalités très graves entre cantons et communes.
De même, les retards accumulés en matière culturelle et artistique ne

pourront être rapidement rattrapés qu'en engageant une véritable croisade pour le développement culturel, soutenue par une volonté politique nationale, animée par les pouvoirs publics et appuyée sur une mobilisation de toutes les forces intellectuelles et artistiques du pays.

Après un inventaire complet et systématique des lacunes et des possibilités artistiques des différentes régions de France, un plan national de développement culturel devrait être soumis au Parlement. Comportant des choix clairs, concrets, définitifs en matière d'équipements, de constructions de locaux, de formation des hommes, il inclurait la réforme et le transfert dans les provinces des télévisions et des radios. Assorti d'un échéancier précis, il accorderait à la création artistique un statut comparable au statut des universités et de la recherche scientifique.

La guerre contre le sous-développement culturel ne pourra être gagnée que si, parallèlement, elle s'accompagne d'une lutte active contre les inégalités sociales et culturelles et d'une profonde transformation de l'ensemble des institutions politiques et administratives.

Le temps du terroir est avant tout celui du territoire. L'horizon du second septennat s'ouvre sur cette promesse de réconciliation du centre avec ses périphéries, du Président avec ses racines provinciales. La tonalité quasi balzacienne de cette allocution correspond certes à des inclinations profondes et personnelles de François Mitterrand, mais, avant tout, elle traduit le souci d'inscrire cette dimension comme la juste correction du centralisme de l'État culturel, celui des grands travaux dénoncé par la droite, mais aussi celui qui proclama la décentralisation culturelle. Le temps du terroir est celui des équilibres retrouvés, du « Président de tous les Français », comme il se plaisait à le dire en particulier après sa réélection de 1988, de la proximité dans le déploiement des instruments de l'État culturel en « région », mais sans promiscuité avec le « culturalisme » de terroir.

François Mitterrand

« Monsieur le maire... »

Allocution du 27 janvier 1989 sur la politique culturelle régionale, Beauvais. Extraits.

« Monsieur le maire,

Ce que j'ai déjà vu de Beauvais, en cette circonstance, avec la visite de la Manufacture nationale de tapisserie, comme au cours de ces dernières années, doit servir d'exemple pour montrer ce qu'un homme et une équipe attachés au bien-être et au développement d'une ville peuvent accomplir: non seulement faire, mais faire bien. Sauver un vieux bâtiment du XIXe siècle, d'une noble architecture, et le moderniser, sans l'abîmer, pour lui donner une nouvelle signification esthétique en même temps qu'un rôle utile et noble. Cela pourra servir aussi de modèle à ce que l'on appelle une décentralisation régionale. Et pourtant, il s'agit là – j'ai prononcé ces mots volontairement – précisément d'une décentralisation nationale.
Vous avez rapporté, vous-même, de quelle manière les choses s'étaient passées, la longue série des années glorieuses, les grandes réussites de la Manufacture nationale dans votre ville depuis, je crois, 1664, et puis le drame de la dernière guerre mondiale, un demi-siècle d'absence qui pouvait être – il ne faut pas se le dissimuler – définitive. Car il y a quelque chose de tentaculaire dans la présence de cette capitale, surtout lorsqu'on se trouve dans la région encore parisienne, il y a comme une difficulté à résister à cette attraction. Cependant – vous l'avez voulu, vous l'avez réussi –, la Manufacture nationale est reve-

nue chez vous et doit pouvoir, à partir de maintenant, permettre d'observer et d'admirer des œuvres dont l'origine sera beauvaisienne et qui ne seront pas moins des témoignages du génie national.
Le ministre de la Culture, Jack Lang, m'en avait souvent parlé. Cette initiative figurait parmi les grands travaux provinciaux qu'il avait encouragés. Car on trouve de ville en ville, à travers toute la France, des réalisations de cet ordre. Sans doute, ici, avez-vous rejoint l'histoire, c'était une chance, comme c'était une chance pour Beauvais que d'avoir un corps de métier exceptionnel, une profession exceptionnelle, des femmes et des hommes formés avec patience à une discipline elle-même exceptionnelle. Mais, un peu partout – au travers de la photographie ou de la bande dessinée, du musée de traditions ouvrières ou du musée de l'art vivant, de l'art moderne et dans tous les domaines –, on voit surgir tous ces témoignages du passé et du présent qui restituent à la culture de la France son caractère d'aujourd'hui puisé aux sources d'une longue histoire.

Je voudrais simplement souligner que cela s'inscrit dans un effort de décentralisation qui s'accorde aux lois que nous avons fait adopter en 1981-1982 : changer le visage de la France en tentant de restituer à chacune des régions ses propres sources, son propre caractère, son originalité, son génie créateur. Pour cela, il fallait d'abord des institutions et un cadre. Encore maintenant faut-il meubler ce cadre, le remplir, et c'est ce que nous sommes en train de faire.
J'ai ici, sur une note, quelques efforts de décentralisation culturelle. J'observe : vingt-huit centres dramatiques nationaux – vingt-huit ! –, ce sont des centres dramatiques nationaux, répartis, bien entendu, sur l'étendue du territoire, en province, en banlieue parisienne ; participation de l'État, ce qui n'est pas si commun, au développement de nouveaux centres de création régionaux, cela c'est pour les villes plus petites ou moyennes. Peu à peu le tissu se resserre, et l'on met-

tra à la disposition des Françaises et des Français des moyens culturels comme ils n'en ont jamais connu.
Même raisonnement pour la musique: la promotion au rang d'école nationale de musique de près d'une cinquantaine de nouveaux établissements et l'aide au développement des orchestres régionaux. Si l'on ajoute à cela l'actuelle construction du Conservatoire de musique à Paris, et la manière dont nous complétons l'ensemble de la Villette, sans oublier non plus la fameuse journée de la Musique qui rassemble, partout où on le veut, dans toutes les rues de tous les quartiers de toutes les villes de France, d'Europe et, on commence à le dire, du monde, à l'initiative de Jack Lang, le 21 juin, ceux qui aiment l'entendre, avec cet air de fête qu'elle accorde à la naissance de l'été, à la fin du printemps, il y a là, au moment du solstice, la rencontre des éléments du cœur de l'homme qui s'ouvre à l'espérance, à la joie et à la plénitude.
Tout cela – ces centres dramatiques, ces centres de création régionaux, ces écoles nationales et locales de musique, ces orchestres, ces journées – participe d'un plan. Et j'ai voulu donner l'élan pour que, non seulement la France, mais l'Europe en voie de construction trouve son véritable ciment dans l'identité culturelle. *[...]*

Voyez ce qui se passe pour le cinéma! La création de l'Agence pour le développement régional du cinéma a permis de moderniser, de créer des centaines de salles en province au moment où l'on parlait de crise du cinéma, et on n'en parlait pas en vain. Encore fallait-il, de nouveau, créer l'élan. Il a été créé. Faciliter l'accès des petites villes aux films de grande audience. Pourquoi est-ce que les petits films seraient réservés aux petites villes? Pourquoi est-ce que l'habitant d'un quartier lointain n'aurait pas droit aux mêmes richesses de la culture que celui que les situations de fortune ou le hasard de sa profession a conduit jusqu'à un grand centre?

Même raisonnement pour les fonds régionaux d'art contemporain, financés par l'État, par les régions, qui ont stimulé les politiques d'acquisition d'œuvres d'art et d'expositions hors des circuits traditionnels. Même chose pour l'ouverture de nouveaux et nombreux centres d'art et l'enrichissement des collections des musées de province. Là, ça porte toujours des noms bizarres, c'est la chose administrative, l'amour excessif des sigles qui nous font oublier au passage la culture, car on n'y comprend rien : le Frac et le Fram, je veux dire le Fonds régional d'art contemporain et le Fonds régional pour l'acquisition des musées, c'est tellement plus beau à dire, on raccourcit, mais ça ne veut rien dire. Excusez cette observation, monsieur le ministre de la Culture. Je pense que tout ce qui sera fait pour l'amélioration des collections mises à la disposition des visiteurs sur place marquera une grande avancée. Les grands projets de province sont multiples : l'aménagement régional, la rénovation des musées de province, là je ne parle plus des œuvres, je parle des musées eux-mêmes ; dans cette longue théorie s'inscrit en particulier le musée de Picardie, à Amiens, tandis que se multiplient les équipements de toutes sortes. Je ne vais pas vous faire un bilan général, cela nous conduirait trop loin. Et puis vous êtes debout, il fait un peu chaud, qui pouvait s'y attendre, un beau jour de janvier… C'est un peu la moquerie du ciel, mais une heureuse moquerie, heureusement, nous avons le ciel, nous avons la lumière.

Alors, on est en train de multiplier partout ce que l'on appelle des conventions de développement culturel. En somme, on fait s'entendre les différentes instances, les différents échelons de la vie nationale, régionale, départementale, communale, pour que ces institutions de la France soient reliées assez fortement, comme on le dirait de la lisse d'une tapisserie, et pour que ce soit recousu ensemble, relié afin que cela ne vole pas en éclats. Sinon ce serait comme si, après avoir fait un admirable travail créateur, le dessin, le carton, la tapisserie, finalement il n'y avait personne d'assez qualifié avec du fil, un dé et des ciseaux pour coudre tout cela. Eh bien, c'est le modeste rôle que nous nous sommes réservé, car il faut à tout prix que nous renforcions l'armement culturel des régions *[...]*. »

En 1975, à Nancy, l'heure est à la déploration du désert culturel. Une transfiguration du paysage français s'impose. En 1989, à Beauvais, François Mitterrand se félicite du « réensemencement » accompli. La culture, enfin, a reconquis ses droits en même temps que l'ensemble du territoire. « Le visage de la France » en est changé, il sourit. Le rayonnement est de mise, et le territoire semble devoir porter la marque de la nouvelle référence culturelle. Mais de quel territoire parlons-nous ? Et l'« irrigation culturelle » du territoire consiste-t-elle, à l'heure contemporaine, en une simple reprise de la traditionnelle vision d'un territoire national à fertiliser ? Fin analyste du territoire et de ses pratiques, le sociologue Jean Viard rend problématiques quelques présupposés fortement ancrés au cœur de la pensée de la décentralisation culturelle. Le territoire est en devenir, ses pratiques sont en perpétuelle mutation, et l'intelligence de ces mouvements à grande échelle invite à se concevoir « en histoire », comme sujets d'une société qui doit inventer les cadres conceptuels lui permettant d'inventer des lendemains à habiter.

Jean Viard

Après la conquête

Entretien, 27 juillet 2004.

Culture Publique : Quel est, à vos yeux, le contexte contemporain qu'il nous faut prendre en compte pour penser les politiques d'aménagement culturel du territoire aujourd'hui ?
Jean Viard : D'abord des faits. Jusqu'en 1950 on parcourait en moyenne 5 kilomètres par jour, distance demeurée identique depuis l'Antiquité – temps des vies de quartier et de village. Aujourd'hui la moyenne est de 40 kilomètres – temps des mégapoles. De ce fait même, le système social s'est distendu, ce qui ne veut pas dire cependant que la quête des individus est différente. Par exemple, ayant beaucoup travaillé sur les registres matrimoniaux du début du siècle en Provence, j'ai très bien vu comment un jeune homme se mariait avec celle qui se trouvait juste de l'autre côté de la limite, dans l'autre commune, l'autre école. Un jour ils se rencontraient au bal et se mariaient. Aujourd'hui les mêmes (si l'on peut dire) se rencontreront plus loin, là où pour eux il y a limite (à franchir) et voisinage. Les deux en même temps. Il y a donc bien sûr des invariants dans les comportements sociaux, mais exprimés à chaque époque dans un espace-temps différent. Et cela se lit sur l'espace, dans le temps : dans votre vie, qui dure en moyenne aujourd'hui 700 000 heures, une fois que vous avez travaillé, dormi et étudié, il vous reste 400 000 heures à occuper. Vos grands-parents n'en disposaient, eux, plus que de 100 000 (ils

ne vivaient en moyenne que 500 000 heures) ! Une révolution du temps, qui est la grande aventure du XXe siècle. Vous avez donc plus de temps pour satisfaire vos désirs d'altérité, de culture, votre désir d'appartenir à un groupe et de parfois en sortir. Pensons donc société de mobilité et temps long. Avant, si vous n'aviez pas une chapelle par paroisse, vous n'aviez plus de paroissiens. Aujourd'hui, vous pouvez très bien avoir un opéra tous les 300 kilomètres et avoir du monde à l'opéra. Donc, le maillage de proximité est différent, sauf pour les enfants : les gosses de 10 à 12 ans sont pareils que ceux d'il y a trois cents ans, même si aujourd'hui ils font généralement en voiture les quelques centaines de mètres qui les séparent de l'école...

Disons que, par rapport au début de l'organisation du territoire culturel, urbain et républicain, il nous revient aujourd'hui de vivre une vie de travail, plus une vie de rentier de 1900 ! L'une après l'autre ; en vérité l'une mélangée à l'autre. Depuis la France que décrivait Balzac, nous avons gagné vingt-cinq ans de vie, et la durée du travail a été diminuée par presque trois. C'est pourquoi temps et espace se distendent, c'est pourquoi la plupart des communes sont devenues trop petites pour les habitants, c'est pourquoi il faut réorganiser les lieux, en particulier culturels.

Nous sommes donc face au moins à trois nécessités si nous voulons profondément démocratiser l'accès à la culture. Rendre proche l'initiation partout dans l'enfance. La carte culturelle ici doit être une démarque de la carte scolaire. Et en même temps rendre accessibles la création et l'événement par des politiques puissantes de mobilité gratuite. Enfin, favoriser dans l'assez proche des lieux de rencontre, de mariage, de fête locale où les voisins se voient et se parlent. Disons de l'animation de moyenne distance, le quartier de grande ville, la communauté de commune rurale, la ville moyenne.

C. P.: Ce que vous décrivez là est-il à ce point nouveau?
J. V.: Oui, je crois vraiment. Le territoire moyen d'un individu est devenu un archipel de 40 kilomètres de diamètre qu'il parcourt sans cesse. Il faut intégrer cette mobilité des citoyens comme un fait majeur, remettre à plat l'idée de proximité (pour qui? à quel âge? où? quelle distance?...). Par exemple, l'idée selon laquelle le lieu culturel doit se trouver à côté de l'habitant est défendable pour certaines pratiques, peut-être pour certains âges, notamment pour les enfants pour lesquels cela reste déterminant. Mais cela pose question en ce qui concerne les adolescents et les adultes. Pour vous rendre à un Zénith, vous pouvez faire deux heures de voiture. Si vous voulez aller à l'opéra, vu le prix, vous pouvez faire deux heures de train, voire vous payer une nuit d'hôtel. À la limite, on voit les activités de loisirs, de culture et le tourisme se télescoper, se mélanger. Ce territoire est complexe, discontinu, diversifié, et il faut être un bon stratège urbain pour en profiter – l'argent compte, mais pas uniquement, il y a l'âge, la capacité stratégique, le trajet résidentiel effectué depuis l'enfance, le niveau d'études...
En matière d'aménagement culturel de l'espace, il convient donc de prendre ces données en compte: proximité, diversité et mobilité. D'autant que, de façon indissociable liée à la nouvelle élasticité du temps, s'est constituée une société de l'événement, société où le désir de rencontre est considérable, mais autour de l'exceptionnel. L'enjeu consiste à créer de la relation humaine aléatoire par moments – mais de nous laisser la distance de nous échapper. Lorsque les sociétés étaient moins mobiles, on connaissait les gens de son métier, de son quartier. En vingt-cinq - trente ans, le renversement fut considérable: on peut poser que le lien social s'est privatisé et que l'espace s'est publicisé – du moins pour le plus grand nombre. Cette spirale mobile s'est accélérée quand on a créé des festivals, symboles de mobilité des spectateurs, mais c'était bien parce qu'on avait créé des

vacances que les gens étaient devenus mobiles... et c'est parce qu'ils étaient devenus mobiles qu'on a développé les industries de l'automobile, des TGV, des Airbus et que les emplois liés au corps (éducation, santé, culture, loisirs, vacances) représentent 40 % des emplois en France. Une nouvelle spirale espace/temps qui porte l'individu moderne dans l'urbanité en archipel et la mondialisation.
Et il faut garder à l'esprit que, si cette société de l'événement et de la mobilité est la société dominante, la norme et la pratique majoritaire, demeure bien sur l'autre bout de la chaîne : des gens sédentarisés et dans la continuité du temps – voire astreints à résidence et enfermés dans leur ghetto par notre mobilité dont ils ne peuvent se saisir. Le gamin « pied d'immeuble » est hypersédentaire et dans la continuité d'un temps lent et sans horizon – parfois comme les personnes âgées ou seules. Le problème des politiques publiques est de permettre que « les pieds d'immeuble » rentrent dans cette société de l'intermittence et de la mobilité. Surtout, ne regardons pas ceux qui sont en marge avec le regard et les projets sociaux d'hier sous prétexte qu'ils paraissent hors course ; ils ont les mêmes désirs que nous, mais largement inaccessibles.

C. P. : Sous le registre des « visibles manifestes », nous voulions vous interroger sur l'idée de la politique culturelle comme politique de l'occupation de l'espace. Un des premiers visibles manifestes qui fonde la politique culturelle fut sans doute Louis XIV. Ce dernier va s'efforcer de défaire les antagonismes provinciaux ou territoriaux pour asseoir une autorité centrale, une légitimité de l'État incarnée par un roi. Au début de son règne, il se rend alors lui-même visible sur scène puisqu'il danse en public entre 1661 et 1670. Le Roi-Soleil est ainsi celui qui vient en personne rayonner devant l'ensemble de ses sujets ; il est le totem manifestant le lieu de pouvoir. Il s'arrête de danser au moment où le remplace le danseur étoile et lorsque la cour s'installe à Versailles en 1670. À partir de cette époque, la politique de rayonnement se prolonge, en particulier à travers la diffusion des théâtres dits à l'italienne qui répètent cette séparation scène-salle qu'a opérée Louis XIV, séparation entre le lieu du pouvoir et les sujets. Sans doute, la République poursuit-elle le grand œuvre. Toutefois, au regard de votre analyse, doit-on comprendre que cette politique des visibles est désormais caduque, que l'occupation de l'espace – territorial et mental – n'est plus l'enjeu majeur des politiques culturelles ?

J. V. : Non, la société a besoin de repères, de repaires et de totems. Toujours. Cela dit, ne pas oublier ici la place prise par les télévisions et l'appartenance que choisir « sa » chaîne nous octroie. Vous, vous êtes plutôt Arte et France 2 que TFI, par exemple. Ainsi, la télévision est devenue un des hauts lieux, à côté des hauts lieux religieux, industriels, scientifiques et touristiques... Aujourd'hui, un des grands enjeux est la construction et le renouvellement des hauts lieux culturels à travers lesquels puisse se structurer le territoire. Surtout dans un pays comme le nôtre où la guerre des totems, de 1789 à Mitterrand, a été forte. La France est le seul pays au monde à avoir inventé les départements, c'est-à-dire à avoir voulu inscrire les mathématiques dans l'espace, et ce notamment en fonction de la vitesse de déplacement du cheval et du piéton. C'est à la fois grandiose et délirant. Du coup, on a l'habitude de tout inscrire dans le territoire. Pensons à la pyramide du Louvre de Mitterrand, qui aimait tant l'Égypte.

Aujourd'hui, les totems changent en partie de qualité, du fait notamment d'un nouveau rapport aux lieux et à la nature, repère de l'homme mobile. Alors se pose la question de l'« artialisation » des lieux – rôle de l'art qui dit le beau. Cézanne a sacralisé la Sainte-Victoire, et vous ne pouvez plus regarder celle-ci sans la voir à travers l'œil de Cézanne. Du coup, on ne sait plus si la

Sainte-Victoire était belle avant Cézanne ! On a en tout cas besoin de ces marqueurs, de ces totems qui donnent forme au monde.
Les totems peuvent aider la société à changer ou bien la figer dans son organisation sociale. Ils marquent le passage du temps et la diversité hiérarchisée des lieux. Les totems sont les églises, les architectures, les hôtels de ville, Versailles, mais aussi Avignon, etc. Aujourd'hui sans doute nous sommes en difficulté de construction totémique. Jack Lang a fignolé un territoire de la culture cultivée. En cela l'arche de La Défense est bien dans l'axe du Louvre. Mais il a aussi généralisé le livre et la lecture, fait un travail énorme sur les bibliothèques, le cinéma, la musique et le théâtre vivant. Je ne veux pas le critiquer. La question est : Après ? Qu'est-ce qui nous aide à habiter ce monde ? Comment faire œuvre pour nous rendre plus intelligents face à ce monde qui nous fait peur ? Et pour faire autre chose que de toujours dire : non !
Or on est dans une époque où, en France, la culture ne me semble pas toujours en prise avec les changements du monde. En quoi la culture nous aide-t-elle à comprendre la mondialisation, à nous la représenter, à nous la figurer ? La culture a historiquement accompagné l'idée de conquête, s'associant aux découvertes, mais aussi à la domination, à l'aliénation, le tout sous l'égide de figures emblématiques. Aujourd'hui, nous sommes dans un monde qui a terminé la conquête, et l'humanité passe à une autre époque – que j'appelle la deuxième mondialisation, où nous devons passer de la conquête à l'habité du monde. Or peu de choses éclairent ce bouleversement. Comment passe-t-on d'un monde de la conquête à un monde de l'habité ? Comment sait-on le rendre désirable ? Actuellement, on en a plutôt peur. Certes, depuis trente ans, nous nous sommes énormément ouverts à la circulation des biens culturels. Nous avons rattrapé une part de notre retard, par exemple en matière de traduction littéraire : on lit massivement des livres écrits à l'origine dans d'au-

tres langues, on écoute des musiques du monde entier, sans parler du cinéma… Mais la France est un pays qui n'a connu que très tardivement une curiosité à l'égard de la culture des autres, car elle a toujours eu une vision missionnaire de son rôle. Nous sommes donc dans une période où nous nous rendons compte que les autres font œuvre, ce qui n'est déjà pas si mal. Mais qu'avons-nous à dire à ce monde qui naît ?

C. P. : La problématique que vous posez apparaît d'une complexité extrême en ceci qu'elle est double : nous intégrons un monde de la mobilité et de la rencontre, logique territoriale qui implique une pratique culturelle nouvelle, et nous intégrons parallèlement un monde mondialisé, un au-delà du « monde de la conquête », qui implique une production culturelle nouvelle. Comment la politique culturelle peut-elle tenir ces deux registres-là ?

J. V. : Il me paraît impératif d'augmenter la liberté des acteurs, de donner la liberté aux gens de consommer ou pas de la culture. Pour cela, il faut une véritable politique d'éducation, d'initiation, etc., sans quoi c'est comme si le bien culturel n'existait pas. Dans des vies si longues, c'est la culture qui doit venir enrichir la vie, sinon nous allons vers une société normative et stérile de vieux beaufs ! Cette politique ne semble pas mise en cause, mais elle demeure lacunaire, et surtout elle n'est pas pensée de manière très rationnelle. Il faut dire à ce sujet des choses simples. J'ai tendance à penser que les collectivités locales doivent elles-mêmes s'occuper de l'initiation, de la formation, des monuments locaux, du patrimoine local, de l'accès à la gratuité des transports… Ce sont sans doute les régions et les communes qui doivent porter cela. À côté, il faut peut-être supprimer les Drac, qui alourdissent l'action culturelle locale, et concentrer les moyens au niveau des régions pour l'initiation et la démocratisation. Il faut faire des économies pour concentrer les moyens sur les créateurs et l'accueil de jeunes artistes du monde – et pour cela il n'y a pas forcément besoin de structure d'État en régions. Il faut stimuler l'économie privée (car l'artiste vit dans l'économie privée avec une part de ressource publique) de la culture avec de l'argent public. Et faire en sorte que, lorsqu'un euro arrive, on n'en ait pas dépensé quatre pour le transporter, le gérer... – aberration parfois due à la multiplication des structures.

Il faut faire en sorte que, localement, tout le monde puisse se confronter aux œuvres. Le rôle de la politique, c'est d'organiser la rencontre. En déplaçant les œuvres... ou les publics! Et, dans ce registre, nous ne sommes pas bons; ce sont des problèmes techniques, d'organisation, de transport, de sécurité, de gratuité, etc., que nous devons apprendre à gérer. Par exemple, à Draguignan, le cahier des charges de l'appel d'offres pour les transports scolaires comportait l'obligation d'un ramassage par semaine en soirée pour le théâtre. Le public a presque doublé.

Mais tout cela doit être pensé indépendamment de la question du faire œuvre, c'est-à-dire de la production des formes qui permettent de comprendre que le monde change. Car la création ne s'organise pas, elle se stimule, se soutient... Or, à ce niveau-là, ce n'est pas directement du côté des politiques publiques que se trouve la solution, mais du côté de la vitalité de la société, de sa créativité, et de l'artiste bien sûr. C'est ce dernier qui fait œuvre. La question qui se pose alors, tout aussi fondamentale que la précédente, est: Comment notre société sait-elle libérer de l'énergie créatrice, gérer ce qu'il est convenu d'appeler la « folie » de l'artiste? Ce qui importe ici, c'est le fou du roi; or, aujourd'hui, il manque peut-être d'abord... un roi! Par exemple, un ministre de la Culture qui ne soit plus l'homme de multiples gestions, mais le roi républicain des artistes. Un protecteur des créateurs avant tout, un héros d'une France qui les accueille et les protège! Car c'est le rôle de l'État, comme des mécènes privés ou associatifs, de protéger les artistes, de permettre qu'adviennent les œuvres. Ici, c'est d'opacité que l'on a besoin, mais aussi d'aléatoire, de dépense insensée. Sachons faire coexister le principe d'ordre qui mène à la démocratisation et celui du désordre nécessaire à la création. Mais peut-être pas dans la même administration, car, avec le temps, l'ordre structure et étouffe.

C. P. : Nous serions donc dans un contexte où la politique culturelle se dénationalise, où les enjeux du local et ceux du mondial doivent être pensés de pair au sein d'une action culturelle d'un nouvel âge ?
J. V. : Oui, et nous avons deux problèmes à affronter. Le premier est celui de l'éducation. Au pays de la philosophie des Lumières, il me paraît bien inquiétant que l'on passe notre temps à discuter de savoir s'il faut enseigner ou non le dessin et la musique aux enfants. On sélectionne trop les enfants sur un savoir qui ne les aide pas à s'interroger sur la vie (or cela doit faire partie des savoirs fondamentaux si à la mode !). On travaille 70 000 heures et on vit 700 000 heures. On forme trop les gens à occuper les 10 % productifs de leur vie. Le reste du temps, ils ont peur du monde, parce qu'on ne leur parle pas de ce monde, parce qu'ils ne savent pas le parler. L'enjeu de la culture, c'est donc de contre-attaquer sur la vision de l'enfer auquel on assiste par exemple trop souvent sur TF1. Or cette question commence par une action d'envergure au niveau de la proximité et du quotidien.
Le second problème est le bouleversement que j'évoquais précédemment. Cette société est désormais une société à habiter d'un monde limité et fragile, divers, essentiellement divers (entre cultures, écosystèmes, genres, âges, préférences sexuelles…) ; avant nous étions dans les sociétés du combat de la première mondialisation pour s'élargir, pour dominer, pour faire société de toutes les tribus réunifiées. On est dans cet immense passage, et c'est précisément ce

qui est passionnant. Le problème, c'est qu'on a du mal à le dire ; par conséquent, on le vit comme la perte du monde d'hier et la peur du futur. C'est très curieux de voir que cette société ne sait pas désirer ce qu'elle est en train de faire. C'est là où se trouve l'enjeu de la culture, de la production des totems, de l'artialisation du monde : nous arrivons mal aujourd'hui à produire le désir du monde dans lequel nous vivons. Voici un enjeu majeur pour la culture : la mise en désir de la mondialisation. Bien qu'il faille évidemment sans cesse l'humaniser davantage et la solidariser, il nous est difficile d'avancer car, *a priori* et fondamentalement, on ne désire pas cette histoire humaine là. Depuis le Quattrocento, c'est la première fois que l'humanité se trouve dans une situation où elle ne désire pas la situation dans laquelle elle est. Dans cette perspective, je crois que les artistes français sont souvent trop français, et notre chance est plus du côté des artistes des périphéries qui émergent, qu'ils créent ici ou ailleurs. Regardons la vitalité de certaines banlieues, d'anciennes colonies, de l'Espagne, demain de l'Est… Donc, en matière de politique publique, se donner une chance, c'est en premier lieu faire voyager les artistes, aider les éditeurs à aller à l'étranger, et être la grande terre d'accueil des artistes du monde. Il devrait y avoir en permanence des milliers de bourses pour de jeunes artistes étrangers. Il faut que le monde de la culture nous permette de connaître le monde et en produise les figures qui nous permettent de l'habiter.

JEAN VIARD EST SOCIOLOGUE AU CNRS ET À SCIENCES-PO.
IL VIENT DE PUBLIER *LE NOUVEL ÂGE DU POLITIQUE, LE TEMPS DE L'INDIVIDU-MONDE*, AUX ÉDITIONS DE L'AUBE, QU'IL DIRIGE.

2.

photographie

Terres de culture / Le mouvement plutôt que l'aménagement /« Voici, donc, installée cette sculpture de César... » / « L'on sait que Ben fait, des mots, la matière même de son travail... » / « Nous étions il y a peu, tous ensemble... » / L'art public hanté par l'esthétisation / Corps étrangers / En cas d'oubli, prière d'en faire part / *Brands* ou « images publiques coordonnées »

figures

Le territoire n'est pas une surface homogène sur laquelle se déploierait une action culturelle univoque envisagée à partir du point central, ce point en surplomb censé permettre de voir et concevoir le tout. C'est à un jeu d'échelles qu'invite la composition de ces contributions sollicitées auprès de quatre élus, trois se revendiquant comme élus à gauche, et un quatrième, Joël Sylvestre, maire sans étiquette mais apparenté centre gauche. Nonobstant la relative proximité d'obédience de ces acteurs politiques, leur conception de l'aménagement culturel du territoire se décline sensiblement, et ce au regard de contextes éminemment disparates. De la capitale au village provençal, en passant par la métropole européenne et la capitale provinciale, force est d'en conclure au mythe de la notion de local: le paysage se découvre sous un jour éclaté, et l'horizon de l'action ne saurait se penser comme rectiligne. Clichés de voyage, ces contributions invitent à quelque modestie quant à d'éventuelles tentatives de conception d'une politique d'aménagement culturel du territoire « une et indivisible ».

Terres de culture

Joël Sylvestre, maire d'Eyguières
Contribution, novembre 2004.

La particularité d'Eyguières réside dans sa situation géographique. Situé en Crau et dans les Alpilles, le village d'Eyguières est rattaché par la culture au pays d'Arles et au massif des Alpilles, et par l'économie au pays salonais et à la Crau; sans exclure les pourtours de l'étang de Berre comme pourvoyeurs d'emplois.
Eyguières est passé de 3284 habitants en 1972 à 6328 habitants (recensement de 2004). Cette importante augmentation a généré des problèmes non négligeables dans l'aménagement de la cité, car elle n'a été anticipée ni en termes d'équipements publics ni en termes d'intégration sociale des nouveaux habitants. Cette urbanisation réalisée donc sans anticipation, sans réflexion architecturale, sans ancrage culturel, pourrait apparaître comme un obstacle à un développement harmonieux et durable, bien différent du modèle de village-dortoir défendu par l'équipe municipale élue en mars 2001. Au vu des chiffres du dernier recensement, je pourrais dire la « ville » d'Eyguières, mais je continue à parler du « village » d'Eyguières ou de la « commune » d'Eyguières: cette dimension préfigure réellement nos choix de développement.
L'arrivée importante de nouveaux habitants qui ont choisi Eyguières pour sa situation géographique, pour une certaine idée de

la « qualité de vie », et qui ne sont pas conditionnés par la mémoire est en fait un atout pour le développement du village, un apport en ressources humaines pour le tissu associatif très actif et un vivier de clients potentiels pour le commerce, l'artisanat et les services, qui se développent notamment au centre du village.

C'est dans ce contexte particulier que la nouvelle municipalité a fixé les axes de son action, en inscrivant ses choix d'aménagement et leurs impacts dans le long terme – et non dans le simple cadre du mandat –, en élaborant un véritable projet culturel comme vecteur d'intégration sociale, d'apprentissage, d'échange d'idées, de maintien de la vie dans le village, mais aussi comme source de richesses économiques et touristiques. Pour cela plusieurs pistes ont été suivies.
La préservation et la valorisation de notre patrimoine naturel, riche mais fragile, avec la présence d'une faune et d'une flore remarquables à sauvegarder. La création du parc naturel régional des Alpilles, qui réunit seize communes, démontre cet attachement à ce patrimoine remarquable et le souhait de sa valorisation par un tourisme maîtrisé, par une agriculture de qualité et par une harmonisation de la fréquentation des adeptes des sports de plein air, dans le respect de chacun.

La valorisation du patrimoine historique du village. Des vestiges d'une villa gallo-romaine en passant par le patrimoine religieux très important, sans oublier les fontaines et le réseau hydraulique hérité de l'œuvre d'Adam de Craponne, le village possède des atouts pour mieux se faire connaître. C'est pourquoi un véritable programme de réhabilitation et d'acquisition a été mis en œuvre pour permettre cette mise en valeur, mais aussi favoriser un usage plus contemporain de ces sites historiques.

La mise en valeur des traditions ancestrales, avec la relance de la fête de la transhumance, l'aménagement des fêtes votives de la Saint-Vérédème, le pèlerinage de la Saint-Marc, les veillées calendales avec messe de minuit et pastrage, la mise en place de cours de provençal ou du port du costume et de la coiffe provençale : autant d'actions entreprises pour mieux asseoir la provençalité d'Eyguières. Ce maintien de la langue et de la tradition facilite les échanges intergénérations.

La volonté municipale, au travers d'un comité culturel qui regroupe toutes les disciplines artistiques (musique, chant, écriture, lecture, poésie, peinture et sculpture, cinéma, danse et théâtre, folklore, technologies modernes), est de proposer tout au long de l'année des manifestations culturelles et populaires portées par des associations, de faciliter les opérations interassociations et d'offrir des événements culturels complémentaires au thème choisi annuellement.

Aujourd'hui, tous les choix d'aménagement – la mise en place du plan local d'urbanisme, la mise en œuvre du plan de circulation, la redéfinition de la charte architecturale et environnementale – sont conçus pour mieux asseoir cette politique culturelle. Ils favorisent les échanges « mécaniques » entre le centre ancien où se situent les principaux lieux de spectacle et d'animations et les quartiers résidentiels érigés au nord et au sud du village (création de réseaux cyclables, de trottoirs plus sécurisés, réalisation d'aires de stationnement en périphérie pour limiter la place de la voiture dans le centre du village). Le choix des mobiliers urbains, des matériaux, de la signalétique entre dans cette démarche de qualité de vie.
Aujourd'hui, les bâtiments et les places sont aussi réhabilités de façon à pouvoir accueillir des manifestations culturelles, chaque lieu étant prédisposé à une discipline artistique particulière.

Si, pour beaucoup de communes, la culture reste accessoire, elle est, en fait, pour notre village, un outil de développement économique et touristique. En effet, depuis plusieurs années, le nombre de créations de chambres d'hôtes s'est considérablement accru. La volonté municipale qu'Eyguières devienne un référent culturel toutes disciplines confondues sur l'ensemble du massif des Alpilles commence à devenir une réalité. De nombreux habitants du pays salonais, du Vaucluse ou des Alpilles participent régulièrement aux événements culturels proposés sur la commune. Mais, si Eyguières est connu et reconnu comme « terre de culture », ce développement culturel doit toucher en premier lieu les habitants du village. C'est pourquoi de nombreuses actions sont menées avec les écoles du village, le centre aéré et le pôle jeunes qui s'occupe des adolescents de 14 à 17 ans ou le foyer du troisième âge.

Le lancement d'Alpilles TV devrait permettre de relayer, dans quelques temps, toutes les manifestations culturelles des villages des Alpilles ; le concept a été élaboré au sein de l'espace multimédia du village et a été conçu avec la participation de jeunes Eyguiérens.

Christophe Girard, adjoint à la culture du maire de Paris

Entretien, novembre 2004.

Culture Publique: Dans son « projet pour Paris », en 2001, Bertrand Delanoë évoquait le « désert culturel de certains arrondissements » et projetait une « vision renouvelée de l'accès à la culture » tout en affirmant la volonté de « redonner à Paris son rôle phare ». En tant qu'adjoint à la culture de la ville de Paris, comment instruisez-vous ce programme?

Christophe Girard: S'il y a une chose que Bertrand Delanoë m'avait vraiment demandée, c'était de tout faire pour que l'accès à la culture devienne le plus large possible, et d'urgence. Cela passe par des mesures comme la gratuité des musées pour les collections permanentes (on l'a fait, et on a constaté une augmentation de la fréquentation), et aussi par un certain désenclavement, avec la création d'établissements culturels dans des arrondissements où il n'y avait pas grand-chose. Je me contenterai de quelques exemples simples: le projet du 104 rue d'Aubervilliers *[le bâtiment qui abritait jadis le magasin central des Pompes funèbres de Paris va être transformé en centre multiforme culturel]* va forcément transformer les 19e et 18e arrondissements. On voit bien que l'utilisation provisoire de la cour du Maroc, où nous implantons des cirques et accueillons des artistes plasticiens, a très rapidement transformé le quartier: les violences baissent ou disparaissent, le deal se déplace, et surtout de la vie et de l'intérêt s'installent autour de la beauté, de la création. Je pourrais encore évoquer la maison des Métallos dans le 11e arrondissement, la Gaîté Lyrique, etc.

Évidemment, on est actuellement dans la frustration, qui est celle d'une période de travaux, et les habitants n'en voient aujourd'hui que les éventuelles nuisances. Mais l'ouverture, ou la réouverture après travaux de nombreux lieux va produire un effet important, un peu volcanique, en 2006 et 2007. Et puis je passe beaucoup de temps sur des lieux très petits, fragiles, parce que c'est là tout le ciment d'une vie collective pour la culture : une ville ne peut pas être simplement jalonnée par de grands établissements, c'est aussi tout ce qui se passe de façon intermédiaire. Cela vaut notamment pour la politique menée en direction des « collectifs d'artistes », mais aussi dans d'autres domaines. Ainsi, en choisissant d'ouvrir quatre studios de danse rue Geoffroy-l'Asnier, on répond à un besoin de lieux pour accueillir à Paris de jeunes compagnies. Certes, c'est moins voyant qu'un festival de danse ! Mais Paris a déjà des festivals de très grande qualité, le Festival d'automne, Paris Quartier d'été… En augmentant la participation financière de la ville de Paris, on peut obtenir de ces festivals, en contrepartie, une meilleure ouverture sur les jeunes publics, sur les quartiers et la banlieue. Paris doit accueillir, partager et innover. C'est sa mission.

C. P. : Toutefois, pour le grand public comme pour les médias, l'image dominante de votre action en matière de politique culturelle reste Nuit blanche. Comment cette idée s'est-elle imposée ?
C. G. : Bertrand Delanoë m'avait dit qu'il attendait de moi de la créativité pour « décoincer » et libérer les énergies. Or j'ai fait le constat de la timidité des gens, de leur difficulté à entrer dans un musée, à aller dans une bibliothèque, à aller voir une exposition. Il y a d'abord la fatigue de la vie quotidienne, des gens qui travaillent dur, qui se déplacent, qui sont dans le bruit permanent, et puis qui ont des charges de famille, des difficultés pécuniaires ; et d'autre part, face à la création contemporaine, les citoyens ne se sentent pas toujours à l'aise, ils pensent que ce n'est pas pour eux. Et ce n'est pas parce qu'il y aura une Fiac plus grande ou qu'elle se tiendra au Grand Palais que les gens accéderont à l'art contemporain. L'art contemporain, il faut y être confronté physiquement et être accompagné. Lorsque j'ai pré-

senté à Bertrand Delanoë, tout de suite après l'élection, le projet de Nuit blanche, s'il a eu au début quelques réticences sur l'intitulé, il a immédiatement compris et aimé cette possibilité d'entraîner les citoyens à visiter, dans le plaisir, leur patrimoine – un patrimoine insolite, inconnu, parfois fermé provisoirement –, et à y découvrir de la création. L'idée de faire appel à Jean Blaise, c'était solliciter quelqu'un qui, à Nantes, avait déjà expérimenté un rapport à l'espace urbain la nuit, mais qui n'était pas de Paris : il n'a pas de complexe, et son recul est libérateur.

Nuit blanche, c'est vraiment cette alchimie du patrimoine avec la création. Car, enfin, que serait une ville exclusivement tournée vers son patrimoine ? Là, on a détourné les codes : c'est une ville de patrimoines, mais on traverse les patrimoines à l'envers. Et il fallait que les Parisiens se réapproprient ainsi leur espace urbain ; cette réappropriation, elle s'est faite tout de suite ! Les citoyens ont découvert que leur ville regorgeait de lieux incroyables, les catacombes, les anciennes pompes funèbres, l'hôpital Saint-Lazare, l'usine à air comprimé de la Sudac, etc.

Ce que je dis peut donner l'impression que Nuit blanche est un accélérateur de consommation culturelle ; j'accepte la critique, mais, comme on est de toute façon dans une logique de consommation, autant y mettre de la qualité, du talent, avec des artistes confirmés et émergents.

C. P. : Mais, au-delà de la réussite publique et médiatique de Nuit blanche, qu'est-ce qui en fait pour vous un « visible manifeste » d'une politique culturelle ?

C. G. : Pour moi, Nuit blanche, ce n'est pas une fête comme peut l'être aujourd'hui la fête de la Musique, c'est une célébration, un parcours et une initiation. Nous souhaitons vraiment que la création contemporaine soit un geste compris et accepté comme faisant partie de la vie, non pas comme un moment particulier, isolé de la vie des gens. L'art contemporain, pour moi, c'est absolument le contraire de la ville touristique figée dans sa beauté, c'est la ville en mouvement qui va se défaire, se refaire, se réinventer. Quand les artistes décident d'investir un lieu, on voit comme un quartier bouge et se transforme. L'art contemporain, ce n'est pas une anecdote de la vie culturelle, c'est un fondement de la vie culturelle, et c'est un fondement d'une capitale comme Paris.

Nuit blanche correspondait à une urgence, celle de remettre les artistes au premier plan, mais de le faire d'une façon qui soit plaisante, visible; c'est un vrai message avec une action concrète: des artistes montrent, investissent, bousculent la ville, et la population y participe. Rencontre et brassage, donc. Mais, ensuite, il faut que soit mené un travail de fond, sur les conservatoires, la modernisation des bibliothèques, la numérisation du Forum des images, et puis la construction d'ateliers, la façon d'accueillir et d'appréhender les collectifs d'artistes, de donner une place réelle aux arts de la rue et aux cirques, etc.

C. P.: Avec Nuit blanche, toutefois, vous estimez que, être adjoint à la culture dans une capitale comme Paris, ce n'est pas seulement décider une politique d'aménagement et de régulation, mais c'est aussi intervenir comme acteur culturel.

C. G.: Tout à fait. Le pire, c'est l'inaction. Et le paysage culturel est suffisamment fragilisé, perturbé, complexifié, pour que, en effet, on envoie des messages clairs; et, déjà, que l'on permette aux artistes de revenir, de retrouver du plaisir et de la confiance dans leur ville. Paris est une ville intimidante du fait de sa beauté: une ville de lumières, une ville éclairée, où tout est beau, tout est restauré… C'est finalement complexant, pour un artiste, de trouver tout ça clés en main…

Jean-Pierre Tolochard, adjoint à la culture du maire de Tours

Entretien, novembre 2004.

Culture Publique : Lorsque la nouvelle municipalité, conduite par le socialiste Jean Germain, est élue à Tours, elle hérite d'une ville dont l'image est liée à celle de Jean Royer, un maire ultraconservateur qui tenait la culture en suspicion. Quand, avec cette nouvelle équipe, vous acceptez la responsabilité d'adjoint à la culture, pensez-vous que l'image de la ville est déterminante et prioritaire au moment de définir les choix de politique culturelle ?

Jean-Pierre Tolochard : Pour paraphraser une formule célèbre, peut-être s'agissait-il, en 1995, de changer la ville. Et changer la ville, c'est modifier l'offre, l'ouvrir, l'enrichir, la croiser, la multiplier, et puis c'était naturellement agir sur l'image de cette ville. Ce ne sont pas des choses différentes : je ne suis pas sûr qu'on s'occupe plus de communication que de contenus artistiques et culturels. Modifier l'offre et modifier la relation des gens à l'art et à la culture, c'est bien évidemment agir sur l'image de la ville. Les meilleurs porteurs de l'image d'une ville, ce sont les gens qui y vivent. On ne s'est pas lancé dans des campagnes publicitaires dans le métro pour dire : « Venez à Tours, ce n'est pas ce qu'on vous a raconté. » On s'est plutôt efforcé d'ouvrir les choses, de consolider ce qui existait – car il ne faut pas caricaturer, sous les deux derniers mandats de Royer et peut-être sous la pression de l'époque, Gilles Bouillon a été nommé à la tête du centre dramatique, et ont été créés un centre chorégraphique et un centre d'art – et d'aller au-delà. Il fallait créer des outils, des outils qui existaient à peine ou bien qui étaient délabrés ou inadaptés : ainsi, construire un théâtre digne de ce nom avec une vraie scène. Ce lieu a évidemment changé des choses ici. Il y avait 1 500 abonnements, il y en a aujourd'hui 3000, et puis on a pu faire venir des spectacles que les gens déploraient de devoir aller voir au Festival d'automne ou à Avignon. Je crois que cela a renouvelé la relation des gens à la création.

Cela ne suffit pas d'avoir des institutions, il faut des outils, et ensuite mettre ces outils en réseau. Et puis il fallait aussi s'ouvrir, en s'intéressant aux musiques actuelles comme aux arts de la rue. Sans en faire cet argument de vente qui peut être une façade un peu poujadiste à gauche; il n'y avait pas de raison d'ostraciser des équipes qui émergeaient, et des formes qui ont aussi leur légitimité... Il fallait donc consolider l'existant, et puis aller vers l'innovation, ce qui suppose à mes yeux une certaine immersion. J'essaie d'être au plus près des enjeux de la création, pas seulement avec une idée de gestionnaire ou d'aménageur, mais comme quelqu'un qui réagit de façon sensible.

C. P.: Vous liez le souci de construire ou de consolider des équipements culturels, d'innover, avec le désir de transformer l'image de la ville et de le faire savoir. Ce paramètre important de la communication à travers une volonté de politique culturelle, un élu territorial pourrait-il aujourd'hui s'en passer?

J.-P. T.: Certainement pas. J'ai d'ailleurs l'impression que l'on ne communique pas assez; pas au sens où une ville devrait se doter d'un service de communication performant, de slogans de campagne de presse et d'attachés de presse à Paris pour « vendre nos beautés et nos merveilles »; mais au sens où l'on passe beaucoup de temps à réinventer l'offre culturelle, et trop peu de temps à en parler. Ce n'est pas communiquer, c'est porter une parole sur l'art et la culture. Il est important pour moi d'aller dans certains endroits de rencontre (les festivals d'Avignon ou de Montpellier, la foire de Bâle pour l'art contemporain, etc.) où ces paroles existent, mais dans des cercles restreints. Si l'on pense vraiment que l'on

tient, avec l'art et la culture, un des moyens de la transformation sociale, ce que follement je continue à penser, à croire et à vouloir, on doit aussi s'exprimer là-dessus. On doit porter cela au niveau du discours politique de la ville sur son développement.
Au fond, ce qui m'intéresse, c'est de changer la donne en profondeur, c'est-à-dire de créer des situations de non-retour. J'ai l'impression que c'est en changeant les conditions mêmes de diffusion de la culture et de création des œuvres et d'accompagnement au public qu'un ressenti tout à fait différent peut s'installer, peut-être en effet pas tout à fait conscient ; il est plus ressenti et vécu que porté et exprimé. J'ai l'impression d'agir comme un acteur culturel, c'est-à-dire comme quelqu'un qui est, dans ce terrain-là, un acteur parmi les autres, un « go-between », un messager qui va de l'un à l'autre, qui essaie de sentir les choses, de les capter ici et ailleurs, d'en créer les conditions ici, d'accompagner ces conditions d'un renouveau.

C. P. : Cette conception de l'élu comme acteur culturel ne conduit-elle pas à « dissoudre » la figure même du politique ? Ou bien serait-elle à vos yeux une autre manière de faire de la politique ?
J.-P. T. : Je conçois qu'il y ait là-dessus un trouble possible : comment on situe ce personnage qui, en effet, appartient à la sphère politique et qui, en même temps, est plutôt ressenti comme quelqu'un qui aborde des enjeux avec sa sensibilité, avec sa conscience très diffuse de ce qui est à l'œuvre dans la création et dans le fait de la partager ? J'ai envie de penser que c'est une autre façon de faire de la politique, même si ça tient probablement aussi au parcours un peu particulier qui est le mien. J'ai l'impression d'incarner, avec d'autres, une autre façon de faire, où justement la communication ne serait pas l'élément principal.

C. P. : S'il fallait choisir une « carte postale », forcément réductrice, pourrions-nous évoquer le festival Rayons frais, dont vous êtes à l'initiative ? Ce festival pluridisciplinaire a lieu dans l'espace public et demande l'étroite collaboration de plusieurs acteurs culturels de la ville. Pour vous, est-ce l'aboutissement d'une volonté politique ? Rayons frais serait-il, à l'échelle de Tours, un visible manifeste ?
J.-P. T. : J'ai utilisé l'expression « changer la ville » ; j'ai aussi parlé de transformation sociale. Pour moi, changer la ville, c'est ça, c'est changer la relation à la ville, changer le regard sur la ville, c'est aussi changer le regard sur la création et faire que les gens trouvent dans des propositions artistiques un moteur de résistance et reconnaissent cela comme une évidence et une nécessité. La ville de Tours peut, à un moment donné, s'affirmer comme un des lieux forts de la création. Changer la ville : c'est un bel objectif pour un adjoint à la culture.

C. P. : Et qu'en pense l'adjoint à l'urbanisme ?
J.-P. T. : Je ne prétends pas faire ça tout seul. C'est un travail d'équipe. Le maire me soutient. Ce n'est pas de la contrebande, ce n'est pas un truc qu'on fait dans un coin. Les élus se reconnaissent dans l'évolution de ce festival, ils ne se disent pas : quel est cet ovni, cette chose incertaine et nouvelle ?... Il ne s'agissait pas de faire un festival de plus de théâtre de rue, mais d'investir l'espace public avec des surprises, des questions, des cadeaux magnifiques. Modifier le regard sur la ville, même si c'est un peu jargonnant, ça veut dire quelque chose : que la ville s'aime et se mire un peu dans la Loire...

MARTINE AUBRY, MAIRE DE LILLE

Entretien, novembre 2004.

Culture Publique: Votre premier mandat municipal à la tête de la ville de Lille aura été marqué par l'événement « Lille 2004, capitale européenne de la culture ». Mais vous n'étiez pas directement instigatrice de ce projet?

Martine Aubry: À la suite de l'échec de la candidature de Lille pour les Jeux olympiques, le comité Grand Lille, qui réunit des personnalités économiques, politiques, sociales et culturelles, avait proposé de poser la candidature de la ville comme capitale européenne de la culture. Nous avons été retenus en 1998 et, à ce moment-là, Pierre Mauroy m'a proposé de prendre la présidence du comité de préfiguration, qui est devenu l'association organisatrice de Lille 2004. J'ai donc commencé alors que j'étais encore ministre et, à partir de 2000, quand j'ai quitté le gouvernement, ceci a représenté une tâche quasi à mi-temps, jusqu'à maintenant.

C. P.: En 1998, au moment où il est retenu, le projet Lille 2004 reste à construire. Quels sont alors les enjeux qui vous apparaissent prioritairement?

M. A.: Il fallait éviter deux écueils. Le premier aurait consisté à se satisfaire de quelques grands événements culturels attirant le monde entier, une sorte de feu d'artifice avec des articles dans tous les journaux sur papier glacé. Le second écueil aurait été de mettre sous le vocable Lille 2004 tout ce qui allait se passer dans le domaine culturel dans notre ville. Je suis alors rentrée dans le sujet en me demandant: au fond, qu'est-ce que la culture peut nous apporter?

Quand je suis arrivée dans cette région, voilà dix ans, j'ai été frappée par le fait que les hommes et les femmes du Nord avaient la conviction qu'ils n'avaient pas de culture; ou, plus exactement, que leur culture était née essentiellement de la culture industrielle et de la culture populaire – celle des fêtes, des ducasses, des géants –, et que la Culture – avec un grand C, celle de l'opéra, du théâtre, de l'orchestre de Lille – était une culture « bourgeoise », venue d'ailleurs. La première chose était donc de rendre aux hommes et aux femmes du Nord la connaissance et la fierté de ce qu'ils sont, leur rappeler que la Renaissance était née ici – à l'époque, nous étions en Flandre –, rappeler le siècle d'or de Rubens, etc. Il fallait donc montrer que nous sommes une région de culture et que nous pouvons être fiers de cette culture ; et en même temps, donner l'occasion à tous ceux qui vivent chez nous et qui nous ont aidés à construire la grande région industrielle que nous avons été – les Espagnols, les Italiens, les Polonais, les Maghrébins – de faire connaître leur culture. Ils ne sont pas venus seulement pour la force de leurs bras ou leur intelligence, ils sont porteurs d'une culture qu'en général on ne connaît pas.

Le second objectif, c'était de donner une autre image de notre ville et de notre région, en finir avec les clichés en noir et blanc. Il fallait retrouver les couleurs des façades de la Renaissance flamande, réhabiliter notre patrimoine. Mais aussi, à l'image de l'industrie du textile, affirmer le symbole du tissage des communautés, avec l'idée qu'on s'accepte tous dans toutes nos couleurs. Au fond, on a tenté de dire : essayons de construire un nouvel art de vivre ensemble. C'est très ambitieux, et ça ne se fera pas en un an !

C. P. : Souvent, dans vos propos, vous mettez en équivalence la « culture élitaire pour tous » et une conception large de la culture qui serait aussi celle des repas de famille, des fêtes de quartier… Pour vous, il n'y a pas d'interruption de plan.

M. A. : J'ai toujours aimé cette remarque d'Edgar Morin, quand il dit : « La culture vécue et la culture cultivée, c'est toujours la culture. » C'est d'ailleurs comme cela qu'on a pensé les maisons Folie, c'est-à-dire des lieux où une femme qui vient au hammam rencontre des artistes en résidence, voit des jeunes qui font du hip-hop ou de la danse classique sur un palier de répétition, regarde ce qui se passe dans la salle d'exposition temporaire, peut réserver une salle pour le mariage de son fils, va se balader dans les jardins... Il y a un lien entre tout ça. Lors de l'inauguration de la Maison Folie de Wazemmes, qui accueillait la jeune création japonaise, un dîner a réuni deux mille personnes mangeant des nouilles japonaises avec des baguettes. Et il y avait là des femmes voilées, des jeunes bobos, des personnes âgées, etc. Il s'est passé des choses que seule la culture peut entraîner.

C. P. : Cette intention fonde un discours et des pratiques qui étaient sans doute ceux, dans les années 1960-1970, de l'action culturelle. N'est-ce pas cette dimension-là qui a été violemment mise en cause après l'élection présidentielle d'avril 2002 et la présence au second tour du Front national ? C'est-à-dire que toute une dimension de l'action culturelle, de la transformation sociale par l'action de la culture, aurait échoué ?
M. A. : Peut-être parce qu'il n'y avait que de l'action culturelle et pas une vraie politique culturelle. À la Maison Folie de Wazemmes, aujourd'hui, il y a une vraie appropriation, qui tient peut-être à ce que la réhabilitation de cette ancienne usine a été élaborée pendant trois ans et demi avec quatre cents habitants, qui ont participé au choix de ce qu'on allait faire à l'intérieur, aux choix architecturaux, à l'intégration dans le quartier. Lors de l'une des premières visites que j'avais faite en arrivant en 1994, j'avais été très frappée par la réflexion d'un gamin du quartier Faubourg de Béthune, à qui je demandais s'il aimait son quartier. Il m'avait dit : « Mais pourquoi il n'y a pas de statue dans mon quartier ? » C'est vrai que, dans un quar-

tier populaire, il n'y a jamais de statue. Donc, je me suis dit : il faut qu'on mette des statues du XXIe siècle dans les quartiers. On a fait des installations pérennes ; beaucoup des œuvres qui vont rester sont dans les quartiers. Les signes sont des symboles forts.

C. P. : Est-ce à dire que notre société, que l'on dit éclatée, en déshérence de repères, continue selon vous à avoir besoin de totems ?
M. A. : Cette société est, à mes yeux, totalement éclatée, sans sens ni ambition collective. Mais les totems ont un sens positif et négatif. C'est positif si c'est un signe de reconnaissance et de regroupement ; c'est négatif s'il y a une forme d'adhésion purement émotive qui remplace la réflexion collective. Ce que l'on a essayé de faire, c'est que la culture soit capable de toucher mais aussi de faire discuter, de faire raisonner. Et on a vraiment essayé que viennent à la culture des gens qui n'étaient jamais venus.

C. P. : Vous insistez là sur l'action culturelle dont Lille 2004 a été le moteur et sur le fait d'impliquer les populations. Mais Lille 2004 a aussi été, vous le disiez précédemment, une vitrine pour modifier l'image de la ville et de la région.
M. A. : Au lendemain de la grande fête inaugurale du 6 décembre, j'ai rencontré un vieux Lillois dans un quartier excentré de la ville qui m'a dit : « Ah, Madame le maire, ce que vous avez fait, c'est mieux que tous les maires avant. On a parlé de Lille à Claire Chazal. » J'ai trouvé ça extraordinaire… Ce qui revient d'ailleurs dans la parole des Lillois, c'est la fierté de ce qu'on est, de ce qu'on a fait ensemble et de ce qu'on a montré aux autres. Pour les hommes et les femmes d'ici, le fait qu'on parle de nous autrement est une retombée positive, mais, à aucun moment, les choix que nous avons faits dans la programmation n'étaient liés à l'image qu'on donnerait à l'extérieur. Ce débat sur l'attractivité de la ville et son rayonnement a eu lieu au

début, au sein du comité de préfiguration, avec les milieux économiques. L'attractivité et le rayonnement autour de trois ou quatre grandes expositions, c'est parfait, mais c'est sans lendemain si vous plaquez ça sur une fausse réalité. Or on ne rayonnera vraiment et on ne sera attractifs que parce que les gens auront vu ce que nous sommes vraiment. Montrer qu'on a une histoire, une énergie, un enthousiasme, une faculté de vivre ensemble, c'est au fond ce que nous a permis l'année de la culture. Avoir eu quinze mille « ambassadeurs » de Lille 2004, parmi lesquels des personnes âgées, des jeunes, des femmes voilées, des bourgeois, des familles entières, cela signifie: c'est nous qui sommes capables de rendre notre ville attrayante, bien plus que quelques expositions…

C. P.: Dans *Culture toujours… et plus que jamais!*, l'ouvrage que vous avez coordonné aux éditions de l'Aube, vous insistez sur cette notion de culture comme porteuse d'un sens. Mais, dans ce même ouvrage, Laurent Dréano, coordinateur général de Lille 2004, avance qu'il s'agit de « faire connaître une image culturelle internationale qui peut contribuer à ce que la région Nord-Pas-de-Calais et sa capitale occupent une place de premier plan dans les années à venir sur la scène européenne ».
M. A.: En tant que vice-présidente chargée du développement économique à Lille-métropole, je suis allée cette année au Mipim, où se rencontrent à Cannes les investisseurs financiers – fonds de pension, grandes banques, promoteurs… – qui décident des endroits où ils vont investir. J'y ai été extrêmement frappée de constater combien Lille 2004 a changé notre image, et pas seulement sur l'aspect « ils font des événements », mais justement celui « vous avez un art de vivre ». Je travaille depuis trois ans sur le projet urbain que je vais présenter: quelle ville veut-on construire dans les dix ans qui viennent? Il s'agit de prôner la mixité de fonctions dans tous les quar-

tiers, et non pas des quartiers où l'on dort, d'autres où l'on commerce, et d'autres où l'on s'amuse ! Le mélange est à la base de la mixité sociale…
Il faut des pôles d'excellence qui attirent dans chaque quartier, des lieux où les gens se retrouvent, et évidemment des services publics ; une vraie mixité, sociale et culturelle. Et cela, les investisseurs financiers le voient : cet art de vivre, c'est peut-être les choix que les gens feront demain.

C. P. : Si le présupposé est celui que Lille 2004 a contribué à transformer durablement la ville, comment cela peut-il s'évaluer ? Par l'évolution du prix de l'immobilier ?
M. A. : Non, pas du tout ! La question est celle-ci : est-ce que, grâce à Lille 2004, on vit mieux dans notre ville ? Et c'est quoi, « vivre bien » ? Pour moi, c'est d'abord que les gens soient plus ouverts les uns envers les autres, qu'ils ne ferment pas leur porte à leur voisin, qu'ils aient plaisir à se faire une bouffe en bas de chez eux, à aller voir un spectacle ensemble, et pas seulement est-ce qu'ils vont pouvoir s'acheter plus de choses demain. C'est aussi, bien sûr, une région qui a de l'énergie, de l'enthousiasme, où l'on peut venir installer des emplois. Le choix de la culture, c'est aussi le choix de la ville que l'on va construire. Ce n'est pas la culture à elle seule qui, posée sur une réalité, va en donner une image différente. C'est parce que nous sommes capables de montrer que nous vivons mieux ensemble qu'ailleurs que cet art de vivre est porteur.

C. P. : Dans ce qui va rester de Lille 2004, quelle est votre plus grande fierté ? Les maisons Folie ?
M. A. : Les maisons Folie vont certes rester. Mais ce qui reste chez les gens qui ont participé à cette année n'est-il pas plus important, finalement, que les équipements ? On a ouvert des petites portes

dans la raison et dans le cœur, et maintenant on va mettre le pied dedans pour éviter que ça se referme. On va lancer le thème d'une ville fraternelle, solidaire, afin de ne pas laisser se refermer cette ouverture que l'on a eue pendant une année, ces émotions qu'on a partagées ensemble. Ce qui reste de plus profond, me semble-t-il, ce sont les petites graines qui ont été semées, mais qu'il faut absolument continuer à arroser et à faire pousser.

La floraison de fêtes manifestes serait-elle symptomatique d'une époque du territoire dépassée ? La pensée d'une politique d'aménagement du territoire s'est fondée sur la conception d'un espace où devait s'enraciner une culture en partage. Sur le modèle d'un centre rayonnant, il s'agissait de créer les conditions d'une transfiguration du paysage périphérique. Or, entre l'au-delà européen et l'en deçà local, l'utopie étatique d'un territoire en partage semble avoir fait long feu. Luc Gwiazdzinski, géographe et directeur de la Maison du temps et de la mobilité de Belfort, offre ici un instantané des enjeux contemporains à partir de la circonscription d'un contexte semble-t-il inédit, celui d'une culture déterritorialisée. Un horizon se dégage de l'analyse panoramique du géographe : nous passons d'une société du partage de l'espace à une société du partage du temps. À l'aune de cette vision, la question des « visibles manifestes » prend un relief tout à fait neuf en ceci que l'objet culturel serait amené à basculer du régime de l'objet vers celui de l'événement.

Luc Gwiazdzinski

Le mouvement plutôt que l'aménagement

Contribution, novembre 2004.

Dans un discours devant l'Assemblée nationale, le 17 novembre 1981, Jack Lang avait indiqué que la culture n'était pas la propriété d'une ville, fût-elle la capitale : « Des siècles de centralisation ont trop souvent dépossédé les provinces de leurs richesses et de leur dignité. Aujourd'hui encore, telle une pompe aspirante, la capitale draine vers elle artistes, intellectuels, créateurs. *[...]* Finie la culture octroyée d'en haut, telles ces miettes de profit que Mme Boucicaut, la dame du Bon Marché, distribuait jadis au bon peuple. » Si la volonté du ministre de la Culture d'alors en faveur d'un rééquilibrage Paris-province était claire, l'histoire montre cependant que la culture ne fut pas toujours au cœur des politiques nationales d'aménagement du territoire, politiques dont la nature et les outils mêmes ont évolué au cours des années. Certaines inégalités qui persistent ne doivent pas masquer les dynamiques nouvelles et les initiatives qui émergent dans un contexte de développement local et de concurrence entre territoires.

Une préoccupation récente

Un concept en évolution

Dans les années 1950, l'aménagement du territoire avait été défini par Eugène Claudius Petit comme « la recherche d'une meilleure répartition des hommes, des activités et des richesses, dans le cadre de la France *[...]* pour le bien-être et l'épanouissement de la population. » À l'origine de la politique d'aménagement du territoire, l'État a eu recours à des interventions correctrices, comme la mise en place d'infrastructures prioritaires ou les aides financières pour les implantations industrielles. Ces moyens ont peu à peu perdu de leur efficacité alors que la croissance s'essoufflait et que la nature même des activités évoluait. La définition originelle a vécu et le cadre géographique a changé. Entre décentralisation et montée en puissance de l'Europe, l'État n'a plus toujours les moyens, l'échelle suffisante et la vision à long terme pour porter une telle ambition. À travers les fonds structurels, l'Union européenne a sans doute les capacités financières nécessaires, mais elle n'en a ni la vision ni les attributions. En France, les régions, qui ont des compétences affichées en termes d'aménagement du territoire, n'ont pas toujours la taille et l'échelle qui permettent les arbitrages : proximité et promiscuité ne font pas toujours bon ménage. La notion de « bien-être et épanouissement de la population » résonne pourtant pour qui s'intéresse à la question culturelle.

Une préoccupation récente

Ce n'est qu'au début des années 1990, avec la relance de la politique d'aménagement du territoire, que le développement culturel est vraiment apparu dans le discours officiel sur l'aménagement au moment où la nature même de celui-ci évoluait. Il ne s'agissait plus alors de distribuer des miettes mais d'intervenir à l'intérieur des dynamiques elles-mêmes, plutôt que de chercher à en réguler les effets. Dans cette nouvelle perspective, les territoires considérés comme des milieux propres à favoriser l'activité économique et l'épanouissement des hommes devenaient des acteurs à part entière des transformations. Il fallait non seulement les doter des équipements nécessaires, mais aussi des éléments de nature immatérielle comme la cohésion sociale ou la capacité à entreprendre. Plus que le niveau d'équipement, c'est la qualité de son organisation qui devenait génératrice de développement. La culture est alors apparue au cœur de ces moyens comme une des clés de l'égalité des chances permettant à chacun de disposer d'une base commune pour construire, échanger, communiquer et s'ouvrir vers l'extérieur. Elle est aussi un moyen de lutter contre l'éclatement de la société en favorisant l'intégration.

Une répartition encore déséquilibrée

Si la province n'est plus un désert culturel, pour reprendre le titre de l'ouvrage fondateur de Jean-François Gravier, *Paris et le désert français,* une bonne partie des investissements culturels de l'État sont encore centralisés.

Permanences

Les activités culturelles sont toujours concentrées à plus de 50 % dans l'agglomération parisienne, en raison d'une part du traitement de faveur dont bénéficie la capitale, d'autre part du fait de la composition sociale parisienne qui entretient le marché culturel. Ainsi 47 % des emplois culturels sont-ils concentrés en Ile-de-France, avec de forts contrastes selon les activités. Certains secteurs très « parisiens » (productions cinématographique et télévisuelle, édition de livres) sont à distinguer d'autres, plus uniformément répartis sur le territoire national (projections cinématographiques, bibliothèques, édition de journaux [1]). Les chiffres des subventions de fonctionnement de l'État aux établissements culturels publics témoignent éga-

1. J.-F. Poncet, « Rapport d'information fait au nom de la Délégation à l'aménagement et au développement durable sur l'état du territoire », Sénat, 3 avril 2003.

lement de cette forte concentration. Les dix premiers sites concernés bénéficient de près des trois quarts des aides financières ; et tous sont localisés dans la capitale : Bibliothèque nationale de France, Opéra national de Paris, Centre national d'art et de culture Georges-Pompidou, Cité des sciences et de l'industrie, musée du Louvre, Cité de la musique, Comédie-Française, établissement public du parc et de la grande halle de la Villette, Conservatoire national supérieur de musique de Paris et Théâtre national de Chaillot, soit 442.662.608 euros sur un total de 583.278.627 euros [2].

Évolutions positives

Bien des efforts ont été réalisés au cours des trente dernières années en matière d'équipements culturels : restauration ou animation du patrimoine monumental, rénovation ou construction de nouveaux musées et centres d'art, modernisation ou création de salles de spectacles (des opéras aux Zéniths). L'action des pouvoirs publics a tendu à créer sur tout le territoire des pôles de « culture vivante ». Centres dramatiques, maisons de la culture, orchestres symphoniques, maisons d'opéra et de danse, musées nouveaux et rénovés, centres culturels de rencontre ou encore festivals ont métamorphosé le paysage culturel français. Des expositions, des créations théâtrales ou lyriques dans des villes comme Lyon, Nancy, Strasbourg, Nantes, Toulouse, Bordeaux ou Marseille sont désormais des événements de portée nationale, voire internationale. Cannes est reconnue pour le cinéma, Avignon pour le théâtre.

On peut désormais habiter la province sans craindre la relégation. Au Parisien qui continue à s'inquiéter pour son ami provincial, il suffit de demander à quand remonte son dernier passage à l'opéra, au théâtre ou au spectacle. Chacun de nous hésite entre la figure de

2. Source : ministère de la Culture, 2002.

Paris, pôle culturel où il est possible d'embrasser en un seul lieu une offre inégalée d'activités, et la figure de la délocalisation avec la spécialisation culturelle de pôles régionaux.

Double moteur

Développement local et développement culturel

On a assisté à un accroissement notable des activités culturelles ces dernières années, dû à la fois à l'action des autorités publiques et à la demande grandissante de la société civile. Le développement culturel est désormais considéré comme un moteur de développement économique et social [3], motivation puissante pour mettre en œuvre des projets culturels, finalité de nombreuses actions culturelles, tandis que la culture est venue à l'appui d'initiatives de développement local. Au-delà des affichages sur une politique culturelle d'aménagement du territoire, ou sur la structuration culturelle du territoire, c'est le territoire qui se prend désormais en charge, pour le meilleur ou pour le pire. Entre réinterprétation et dévoiement marchand d'événements traditionnels, tout est désormais prétexte à l'initiative culturelle. Plus qu'une structuration culturelle du territoire, c'est au foisonnement d'initiatives locales aux formes multiples qu'il convient de s'intéresser comme un visible manifeste.

Compétition et marketing territorial

Les territoires se vendent aujourd'hui comme des yaourts. Dans cet exercice de marketing territorial, cette bataille pour attirer les entreprises, les cadres et les étudiants, l'offre culturelle est un atout sup-

3. H. Cettolo, « *Action culturelle et développement local en milieu rural. Le cas de trois projets culturels en Midi-Pyrénées* », *thèse de doctorat d'études rurales, mention sociologie, sous la direction d'Alain Lefebvre, université de Toulouse-Le Mirail.*

plémentaire. La course des métropoles et de celles qui aspirent à ce rang pour exister dans le classement des villes « où il fait bon vivre » est lancée. Puisque toutes nos cités sont désormais des carrefours internationaux au cœur de l'Europe, il reste à les départager sur d'autres critères, dont la culture. Même la toponymie est affectée par cette bataille : Châlons est devenue Châlons-en-Champagne. Saint-Dié a volé la vedette à la capitale des images, Épinal, en redevenant Saint-Dié-des-Vosges. Les Côtes-du-Nord sont devenues Côtes-d'Armor, et le Haut-Rhin se rêve « Haute-Alsace ». Dans les quartiers, les centres culturels deviennent « espaces André-Malraux », et d'anciennes granges « territoires de musiques ». La culture, ou plutôt l'événement culturel, devient la carte d'entrée, le sésame qui permet de pousser la porte du club fermé des métropoles qui comptent. Exister, clignoter sur les cartes de France et d'Europe. Tant d'efforts pour combien d'élus ? Que d'événements internationaux annuels morts-nés. Que de cadavres sur la route ?

Hiérarchie associée

Véritables laboratoires, sans cesse en mouvement, les villes et les territoires inventent, réinventent, essaient, testent... spectacles et manifestations de toutes sortes susceptibles de donner la preuve de leur créativité et de leur originalité. Une hiérarchie s'installe désormais sur la base de l'animation culturelle des métropoles européennes jusqu'aux bourgs-centres. Barcelone, Berlin, Londres, Amsterdam, ou Paris rivalisent pour l'offre culturelle ou le « by night ». Dopées par des opérations comme celle de « capitale culturelle européenne », par un monument ou une architecture remarquables, d'autres métropoles comme Lille ou Bilbao tentent de se faire une place au soleil.

Des évolutions et des risques

Calendriers et géographies de la culture

La culture a son calendrier spécifique et ses événements saisonniers : l'été s'avance avec la désormais traditionnelle fête de la Musique ; c'est ensuite la ronde des festivals, les Paris-plage d'ici et d'ailleurs pour celles et ceux qui ne partent pas ou sont revenus ; viennent ensuite les rentrées théâtrales, puis les nuits blanches avant les illuminations de fin d'année. La géographie de la culture a ses saisons, ses territoires, qui sentent bon l'été et le sud de la France. Pas de géographie des permanences cependant.

Mobilité accrue

Dans la culture aussi, la mobilité s'impose désormais comme une valeur. Mobilité des spectateurs ou consommateurs de culture d'abord. Nouveaux nomades urbains, enfants des trente-cinq heures qui profitent du « jeudredi » pour quitter leur agglomération et rejoindre d'autres cieux. Ils « font Avignon » ou reviennent d'un week-end à Prague ou à Marrakech, comme d'autres avant partaient s'égayer dans les guinguettes de périphérie. Pensée en mouvement, culture en mouvement, fête en mouvement et ville en mouvement s'imposent. Mobilité des œuvres. Ce phénomène de rotation affecte également les grandes institutions qui, à l'image des discothèques, accueillent des événements venus d'ailleurs. Passant d'un musée à l'autre, les grandes expositions font le tour du monde. Mobilité des spectacles également. Exit le défilé où on ne venait pas pour se faire engueuler. Bonjour la parade, la fête qui rythme les temps, remplit les blancs et transforme l'espace. Love parade, Nuit blanche de Rome, Festival des arts de la rue de Châlons, fête des lumières de Lyon, ou Paris-plage, la fête s'invite dans la ville pour la transfigurer, de jour comme de nuit, été comme hiver. La fête est parfois mouvement. Elle est musique ou bruit, lumière et senteur. Qu'elle investisse un espace ou qu'elle parcourt la ville, la fête transforme. Elle donne à penser la ville autrement. Elle enchante le quotidien et transfigure le réel. L'espace d'un instant, d'une journée, d'une semaine ou d'un mois. La même ville, et pourtant une autre. L'éphémère s'empare de l'espace public pour l'enchanter ou l'humaniser. Nouvelle urbanité.

Mélange et participation

Le festival d'antan ne suffit plus. Il est désormais double, officiel et officieux, institutionnel et en devenir. Adieu théâtre, musique de chambre ou festival rock. Il faut du mélange. Les intellectuels, les écrivains s'invitent. La rue, la fête sont convoquées. Les débats transversaux, les « regards croisés » s'organisent dans l'espoir de réveiller les consciences et d'ouvrir les esprits. Le projet de développement local n'est jamais loin. Il fait éviter le « hors sol » pour s'ancrer dans la réalité sociale. Profiter de l'événement, du brassage, du battage médiatique et des projecteurs pour donner la parole aux habitants, aux quartiers. Les mots « participation » et « citoyenneté » fusent, et la presse relaie.

Communauté éphémère

Elle invente des liens où il n'y en a pas. Elle crée les conditions de la rencontre et met en place des communautés temporaires, qui s'effacent ou qui durent, perdurent. La fête marque les esprits, s'inscrit dans nos calendriers personnels et collectifs. Face à l'éclatement des temps sociaux, la multiplication des fêtes permet aux habitants d'un quartier, d'une ville ou d'un territoire de se retrouver et de réinventer un « nous », temps et lieu d'un collectif souvent partagé avec les autres venus d'ailleurs. La fête se rêve en temps de coprésence. Un temps du nous, moment collectif pour les amis, la famille, ou la collectivité plus vaste : ville, bassin de vie, région, pays. Demain rede-

viendra le temps du je.
« Bienvenue dans notre petite cité idéale éphémère », avait l'habitude de dire le sociologue Philippe Breton à l'ouverture des Rencontres de Strasbourg. Le concept de TAZ (zones d'autonomie temporaires), imposé par l'Américain H. Bey [4], qui affirme que se battre pour le droit à la fête n'est pas une parodie de la lutte radicale mais une nouvelle manifestation de celle-ci, est particulièrement pertinent pour les raves et free parties qui envahissent la campagne ou les espaces délaissés de la ville dans des rassemblements où le son est essentiel.

Trace ou façade

La fête perturbe. Même imposée et régulière, elle perturbe les rythmes. Réussie, elle s'inscrit longtemps dans les mémoires de la ville de ses habitants et de ses visiteurs. Elle marque les esprits et peut bloquer une dynamique locale. La trace dans la ville n'est pas obligatoire. La fête des lumières à Turin permet chaque année d'ajouter un élément, une illumination pérenne. « Le réveillon des boulons » réveille Montbéliard et donne à l'aire urbaine une image dynamique un peu surfaite.

Banalisation et rotation rapide

La fête de la Musique est morte, vive la fête de la Musique! La Nuit blanche s'installe. Jusqu'où la Nuit blanche? Écartelé entre dynamique de mobilisation interne et stratégie de marketing international, identité et communication, tradition et marchandisation, l'événement culturel n'a guère de temps pour s'affirmer. Tout s'accélère. Rien n'est acquis. Culture fast, territoire fast, la culture territorialisée, ancrée dans le territoire, se consomme et se jette, comme le reste. Le

4. H. Bey, TAZ, Zone autonome temporaire, *L'Éclat, 1997, 90 p.*

diktat des tendances et de la mode. Ce qui était in hier est déjà out aujourd'hui, et le rythme s'accélère. Le off ne suffit pas à imposer l'officiel. Les grands événements, animations, spectacles, sont plagiés, banalisés avant peut-être d'être rejetés : marchés de Noël de Strasbourg, cinéma en plein air de Vienne, Nuits blanches d'Amsterdam ou de Saint-Pétersbourg, Nuit des arts d'Helsinki. Le phénomène de « copier-coller » culturel touche d'autres événements : animations de rue, rassemblements de rollers, piques-niques, gay-pride, qui envahissent les artères de nos grandes villes dès les premiers rayons de soleil.

Muséification

Sous la pression d'un tourisme en mal de consommation culturelle, certains quartiers de nos agglomérations sont transformés en musées, voire en Disneylands, parcs à thème à ciel ouvert avec leurs commerces de pacotilles, désertés par leur population originale et animés par les mêmes musiciens andins. À une autre échelle, des villages comme les Baux-de-Provence ou Riquewihr, en Alsace, subissent le même phénomène. Parfois, toute la ville est touchée, comme Bruges ou Venise, qui perdent peu à peu leur âme malgré les musées et monuments de prestige. Ce n'est définitivement pas l'aménagement du territoire et l'État qui risquent d'entraîner une homogénéisation de l'offre culturelle, mais plutôt le tourisme et la mondialisation accélérée qui transforment nos centres-villes en supermarchés à ciel ouvert.

Entre mondialisation et développement local, homogénéisation et folklorisation, besoin de codes communs et désir d'identité, consommation et accomplissement, c'est dans les villes et sur les routes du monde que s'épanouira la culture sous toutes ses formes. Une culture des territoires plus qu'une culture territorialisée, l'ouverture plus que le repli. Privilégions une culture en mouvement, une pensée des flux contre la résistance des stocks, une culture de la frontière au sens américain du terme, c'est-à-dire un espace où l'on n'affronte pas ses voisins mais l'inconnu plutôt qu'un aménagement rigide imposé et dépassé. La nouvelle idéologie de la proximité, les sirènes de la nostalgie ne doivent pas nous inciter à un repli frileux derrière la ligne Maginot de l'exception culturelle. L'aménagement du territoire ne doit pas servir de prétexte à un renoncement territorialisé.

La culture est plus affaire de rencontres et de mouvements, de prises de risques et d'engagements que d'équipements. Pas de limites, et c'est un géographe qui parle !

Ces trois notes du ministre Lang au président de la République témoignent d'un certain cheminement de la décision politique en matière de commande publique. En apparence, le Président souverain, Roi-Soleil du goût artistique de la République, traite à la plume ces affaires relevant d'un domaine réservé. En réalité, il s'agit là d'une procédure parallèle à l'élaboration régulière de la commande publique telle qu'elle est conçue à partir de 1983. La Délégation aux arts plastiques en est la tête de proue, les instances déconcentrées du ministère, notamment les conseillers pour les arts plastiques au sein des Drac, en sont les artisans sur l'ensemble du territoire. Mais, en dépit d'une rationalisation accrue de cette politique, la légitimité du programme semble nécessiter que l'œil présidentiel reconnaisse là autant de figures parlantes d'une culture rénovée. Cette pratique, qui relève du secret de Polichinelle, atteste combien la relance de la commande publique se veut la démonstration d'une politique nationale d'envergure.

Ministère de la Culture

3, rue de Valois, 75042 Paris Cedex 01 - Téléphone : 296-10-40

Le Ministre

Le 2 avril 1985

NOTE A MONSIEUR LE PRESIDENT DE LA REPUBLIQUE

Je vous adresse, sous ce pli, la liste des projets de commande que je vous ai soumis la semaine dernière.

Jack LANG

Jack Lang

COMMANDE PUBLIQUE

A/ Projets nouveaux

- projet de Barelier pour un hommage à Paul Eluard non. pas dans l'état actuel
- projet de Polska pour un hommage à Flora Tristan oui
- projet de Jean-Pierre Bertrand pour le Hall de la Poule de l'ancienne Ecole Polytechnique oui
- tapis de Endre Roszda pour le Conseil Economique et Social oui
- projet de sculpture par Stahly pour le Conseil Economique et Social oui
- projet de sol de Guy de Rougemont pour la Cour du Palais-Royal oui
- projet de sculptures de Vignando pour la Cour du Palais-Royal ??
- projet de sculpture d'Etienne Martin pour l'Assemblée Nationale oui
- projet de sculpture par Stahly pour l'Assemblée Nationale oui
- projet d'accumulation de grues d'Arman pour le port de Dunkerque oui

B/ Projets soumis pour accord définitif

- sculpture de Sandro Chia plutôt non
- hommage à Victor Hugo par Louis Cane plutôt non
- hommage à Jean Jaurès par Gudmar Olovson plutôt non
- sculpture de A. et P. Poirier pour le Palais-Royal oui, mais pas nécessairement au Palais Royal

Fontaines

- Bernard Pagès pour la Roche sur Yon oui
- J.P. Raymond pour Oullins oui
- Hora Damian pour Saint Denis oui
- Daniel Pomereulle pour Nimes oui
- Guy de Rougemont pour Belfort oui
- P. Kowalski pour Angoulême oui

} très réussi.

x Ne pas oublier le Valery de Kowalski et le Mauriac de Haim

x J'aimerais revoir la liste des sculptures de la rue de Rivoli. On m'annonce la non-réalisation de 5 ou 6 statues un peu arbitrairement éliminées. La limite des crédits, qu'il convient de respecter, ne doit pas frapper sans discernement les personnages que nous entendons honorer.

Ministère de la Culture

3, rue de Valois, 75042 Paris Cedex 01 - Téléphone : 296-10-40

Le Ministre le 30 septembre 1985

NOTE A MONSIEUR LE PRESIDENT DE LA REPUBLIQUE

OBJET : l'oeuvre de Daniel BUREN au Palais-Royal

Je me permets de vous faire part des données de la situation :

1/ Muni de votre accord, j'ai, en juillet, désigné un petit "commando" chargé de réaliser tambour battant le projet. BUREN et les architectes y ont travaillé jour et nuit.

La remise en cause du projet nous coûterait cher financièrement et politiquement :

a) Des marchés et contrats d'engagement ont déjà été signés.

b) BUREN est un des rares artistes français mondialement réputés. L'annulation de la commande risque de susciter des commentaires hostiles dans la presse française et étrangère. Après l'épisode DUBUFFET, cette remise en cause apparaîtra comme un recul face aux conservateurs. Notre crédit auprès des artistes risque d'être entamé.

2/ Je vois val comment le projet BUREN pourrait susciter une hostilité puisque personne ne l'a encore vu (à l'exception de plusieurs critiques d'art qui sont enthousiastes).

Une seule petite difficulté s'est produite : ce fut le jour où la décision fut prise de ne plus accepter que la cour du Palais-Royal serve de parking aux hauts fonctionnaires du Ministère de la Culture, au Conseil Constitutionnel, au Conseil d'Etat et à la Comédie française. Après quelques jours, tous ont fini par ratifier cette sage décision, de Daniel MAYER aux sociétaires de la Comédie française. Seul peut-être NICOLAI regrette que cette cour ne soit plus défigurée par les voitures.

Ce ne serait pas la première fois que ceux-là même qui sont indifférents à la destruction des monuments historiques par les voitures se montreraient hostiles à l'insertion d'une oeuvre d'art nouvelle(qui, en l'occurence, est empreinte d'une rigueur toute classique !).

On peut d'ailleurs regretter que la cour qui appartient au Conseil d'Etat continue à être enlaidie et salie par le stationnement des véhicules.

3/ Je suis convaincu que le projet BUREN sera une magnifique réalisation qui nous vaudra beaucoup de sympathie.

Je me permets donc de plaider auprès de vous pour que nous n'interrompions pas l'exécution de cette oeuvre.

Jack LANG

Ce discours d'inauguration est prononcé en 1985, quatre ans après la victoire de la gauche en France et à l'approche d'élections législatives incertaines. Loin de « l'imagination au pouvoir » et de la rupture qu'elle promettait, Jack Lang s'inscrit ici dans l'héritage d'une tradition classique et trouve, dans une langue pacifiée, des accents malruciens pour célébrer « le dialogue des hommes et des œuvres ». L'action publique n'aurait-elle alors comme seul horizon que le dépôt de « traces tangibles » dans la succession des générations ? Car, en dépit des ruptures annoncées, des trajets se dessinent qui enjambent allègrement les contradictions, comme ici le jeu double et parallèle reliant César à Picasso, Lang à Malraux.
« L'inauguration et son double », tel pourrait être le titre parodique de cette scène jouée, on l'imagine, devant un public conquis.

Jack Lang

« Voici, donc, installée cette sculpture de César… »

Discours de Jack Lang, ministre de la Culture, de la Communication, des Grands Travaux et du Bicentenaire à l'occasion de l'inauguration du Centaure, *commande publique réalisée par César en hommage à Picasso. Paris, 1985.*

« Voici, donc, installée cette sculpture de César, ce *Centaure* qui rend hommage à Picasso. Double hommage en vérité. Hommage d'un artiste à un autre artiste. Hommage de la France aux artistes, à ceux du passé comme aux vivants, à celui – Picasso – qui fut l'un des inventeurs du XXe siècle et à celui – César – qui en poursuit la leçon dans cette œuvre. Car ce *Centaure*, par ses proportions et son allure, s'inscrit dans cette tradition classique que Picasso, par toute son œuvre, n'a cessé à la fois d'interroger et de bousculer : c'est en s'appuyant sur les maîtres anciens, en ne cessant de revenir sur ce qu'ils nous ont donné et appris, et en l'accordant à son temps qu'il a réussi cette entreprise qui fait de lui l'un des plus grands artistes de ce siècle : donner à notre époque un art dans lequel elle puisse se reconnaître et s'identifier, dans le bonheur comme dans le tourment.

Il revenait à un artiste français, s'appuyant lui aussi sur la tradition classique, de rendre hommage à Picasso. César, que j'ai choisi pour cette œuvre, a bâti pour Picasso une sculpture classique, une sculpture de place publique, une statue équestre. Son sujet – le centaure – est tiré de cette mythologie que Picasso affectionnait et qu'il faisait vivre encore en la confrontant au XXe siècle. Son allure – une statue équestre – est celle de ces œuvres qui, du XVIe siècle au XXe siècle, ont donné aux places de nos villes d'Europe leur identité. Sa composition, par assemblage de divers matériaux et objets plutôt que par modelage, appartient, elle, pleinement à notre siècle, à Picasso et à l'art de César.

De ce dialogue entre deux œuvres, celle de Picasso, celle de César, la sculpture elle-même porte témoignage : lorsque la visière du *Centaure*, qui est le masque de Picasso, est relevée, apparaît le masque de César. C'est là une façon de rappeler que l'art est l'affaire d'hommes et de femmes, d'artistes, qu'il n'est pas une activité abstraite et impersonnelle mais qu'il se constitue de génération en génération par le dialogue des hommes et des œuvres. La statue équestre qui se dresse désormais en ce carrefour évoque ce dialogue entre le passé et le présent par quoi se fait l'art et témoigne qu'ici, à Paris, se trouve l'une de ses terres d'élection.

Je voudrais ajouter, pour conclure, que cette œuvre a été réalisée dans le cadre d'une campagne de commande publique qu'a lancée le ministère dont j'ai la charge : placer des œuvres, des sculptures, dans les espaces publics, c'est aussi laisser, pour l'avenir, des traces tangibles de ce qui est notre temps, dans sa diversité et sa richesse, dans ce qu'il produit de plus fragile, de plus vulnérable et qui pourtant passe et traverse les siècles, son art. »

Rentrer dans l'ordre, ou venir quérir sur les terres électives de Jack Lang, alors maire de Blois, l'adoubement afin d'œuvrer à la bonne continuité des affaires de l'État. À seulement quelques mois de la victoire historique de celui que l'on donnait pour l'éternel défait, le contenu et la tonalité du discours de ce ministre de la Culture un peu improbable (il doit son portefeuille au bon œil porté par Chirac sur celui qui est alors en passe de jouer les renégats officiels pour fonder la future UMP) ne laisse pas de surprendre. Le ministre de circonstance s'emploie à démontrer une fois de plus que, pour qui veut faire carrière dans les institutions de la Ve République, la première des missions est d'œuvrer à rétablir, au-delà des contradictions, la concordance et la continuité des temps afin de mieux dissoudre le sens de l'histoire : Ben, Fluxus, Blois, l'abbaye de Conques, Marcel Duchamp, le développement des métiers d'art au Cirva, Alberola, Douste-Blazy…

Philippe Douste-Blazy

« L'on sait que Ben fait, des mots, la matière même de son travail… »

Allocution de Philippe Douste-Blazy, ministre de la Culture, à l'occasion de l'inauguration du Mur des mots, *commande publique réalisée par Ben, à Blois. Le 30 octobre 1995.*

« L'on sait que Ben fait, des mots, la matière même de son travail. De ses aphorismes rédigés d'une écriture enfantine, en accord avec la spontanéité du propos, émerge un style immédiatement reconnaissable. Ces maximes, constats lucides ou provocants, professions de foi ou notations quotidiennes et banales, réveillent les consciences, mettent en doute, ne laissent jamais indifférent. L'œuvre de Ben suscite, toujours, de vives controverses : il faut dire que l'artiste-trublion n'élude, par convenance, aucune question.

Par l'originalité de sa démarche, en quête perpétuelle du nouveau, Ben se trouve sur les devants de la scène artistique internationale depuis de nombreuses années. Aux côtés de plusieurs mouvements d'avant-garde – dont Fluxus –, et en cela dans la droite lignée de Marcel Duchamp, son père spirituel, dont il reprend l'idée que « tout est art », Ben a changé ses attitudes, puis ses écritures, en art. Au-delà de la provocation ou des vérités qui ne sont pas toujours bonnes à lire, l'œuvre de Ben est « l'expression d'une pensée originale ». L'exposition magistrale qui s'est tenue à Marseille, cet été, fut l'occasion d'appréhender enfin une œuvre dans sa totalité et d'en prendre la juste mesure.

Je me réjouis d'inaugurer, à vos côtés, le *Mur des mots*, œuvre réalisée par Ben dans le cadre de la commande publique et dans le cadre de la convention signée avec la ville de Blois en 1992, pour la cour de l'école des beaux-arts et de l'école nationale de musique. C'est qu'en effet le rôle du créateur, de l'artiste, est déterminant pour redonner un sens, une émotion, une forme aux espaces publics. Ici, deux cent quatre-vingt-deux des célèbres tableaux-écritures ont été reproduits en plaques émaillées et fixés sur la façade de l'école des beaux-arts de Blois. Ces tableaux ont été sélectionnés entre 1958 et aujourd'hui. C'est la plus grande œuvre que Ben ait jamais réalisée; elle a nécessité deux ans de travaux. Les maximes que je vois ici: « Pas d'art sans vérité », « Provocation », « Je tourne en rond », « Il faut tout dire », « Éviter le talent, éviter la variation, éviter l'astuce, éviter le superflu, éviter la décoration… bref, si seulement je pouvais tout éviter… », proclament, sans décorum, le cheminement difficile d'un artiste qui a fait du doute sa thématique privilégiée. Dans la cour de l'école des beaux-arts, l'œuvre de Ben agit comme un symbole. Gageons que des générations d'étudiants, au contact de cet environnement, trouveront là matière à réflexion, voire à lutter de manière inspirée contre les habitudes et un certain confort de l'art. On ne dira jamais assez l'importance que revêt l'enseignement artistique. Je me félicite de voir un grand artiste marquer l'un de ces lieux de formation où bouillonnent tant de talents en devenir.

Je voudrais rappeler que la commande publique est l'une des procédures qui permet, justement, la réalisation de tels projets qui n'auraient, autrement, jamais abouti. La commande publique constitue la procédure idéale qui permet à l'artiste cette confrontation au patrimoine ou à l'urbain. Expression d'une volonté politique d'embellissement des espaces publics et d'enrichissement du patrimoine, elle manifeste aujourd'hui la volonté de l'État de mettre à disposition des créateurs les moyens de concrétiser des projets. L'ampleur, l'originalité et le caractère parfois utopique ou expérimental de ceux-ci ne pourraient exister sans le soutien des collectivités. Sans énoncer une liste trop longue, je veux rappeler que de nombreuses œuvres témoignent, désormais, sur l'ensemble du territoire, de l'ampleur de cette action. La dynamique de la décentralisation et l'implication des différents responsables des collectivités locales, départementales et régionales y sont pour beaucoup.

La ville constitue l'un des terrains privilégiés sur lesquels se sont développées, ces dernières années, les recherches et réalisations en matière de commande publique. J'en veux pour preuve les œuvres réalisées, ces derniers mois, dans des lieux urbains ; ainsi l'œuvre que Jean-Michel Alberola a réalisée pour la gare SNCF de Cergy-Pontoise et qui sera prochainement inaugurée. Ce peut être, aussi, l'éphémère, l'événement et le spectacle, en particulier dans le domaine des nouvelles technologies, comme tout récemment l'événement de télévirtualité de Maurice Benayoun, *Le Tunnel sous l'Atlantique*. La commande publique participe au développement des métiers d'art avec le Cirva à Marseille, le Craft à Limoges, les manufactures et ateliers d'Aubusson, les programmes de réfection de vitraux dans les lieux de culte – Soulages à Conques, la cathédrale de Nevers ou celle de Dignes. La commande publique aborde également le champ, particulièrement riche, de restauration et d'animation de certains monuments historiques – le château d'Oiron, en Poitou-Charentes, en est un bel exemple. Sans oublier le thème du paysage, des jardins et de l'environnement, auquel je suis attaché. À la diversité des lieux et des temps, elle tente aussi d'ajouter la diversité des disciplines : vidéo, design, audiovisuel, photo, lumière, graphisme, sont quelques-uns des moyens d'expression que l'État a la volonté d'encourager à travers cette procédure.

Si la commande publique permet à l'art de sortir des musées, il est une autre mesure qui, au même titre, répond à cette attente. Il s'agit du 1 %, qui a été et continue d'être un moyen très important de soutien à la création contemporaine. Cette mesure historique et originale qui consiste à réserver, obligatoirement, à l'occasion de la construction ou de l'extension de certains bâtiments publics, une somme, correspondant à 1 % du montant du financement de l'État, pour l'affecter à la réalisation d'une ou de plusieurs œuvres d'art contemporain, commandées spécialement pour ce bâtiment, est, à nouveau, au centre de l'intérêt des services publics. Je me propose de la revaloriser et de soumettre au Premier ministre les moyens administratifs et législatifs de sa relance. Le 1 % permet à des artistes de tendances et d'expressions diverses de créer des œuvres pour un lieu de vie quotidien ; de collaborer avec des architectes ; de sensibiliser le public, en particulier en milieu scolaire, à l'art de notre temps. Il maintient, d'un côté, une des fonctions traditionnelles de l'art : l'intégration d'une œuvre dans une architecture. Il permet, aussi, aux plasticiens de se confronter à l'espace, aux lieux urbains, hors du circuit muséal ou marchand, dans une création *in situ*. Il encourage les architectes à mener, à partir d'un dialogue fructueux, une réflexion globale sur leurs réalisations. L'État, dont le rôle est de susciter et de valoriser la création sous toutes ses formes, encourage aujourd'hui la relance et la revalorisation de ce processus de commande spécifique. En permettant, depuis 1993, que, à côté des expressions artistiques héritées du système des beaux-arts, le design, le graphisme et les travaux sur le paysage puissent être mieux pris en compte, il a élargi son champ d'application. J'évoque, ici, la mise en place d'un groupe de travail juridique sur l'application du 1 % décentralisé et la création d'un décret unique.

Notre souci est de contribuer, d'une part, à l'amélioration, à la qualification esthétique des espaces publics, et, d'autre part, à l'émergence d'œuvres importantes, représentatives de l'art de notre temps. *Le Mur des mots* satisfait, sans conteste, ces exigences. L'État et la ville de Blois ont financé à parité cette commande. Aussi suis-je heureux de remercier l'artiste, que je félicite chaleureusement, ainsi que monsieur le ministre Jack Lang, et tous ceux et celles qui ont contribué à la réalisation de ce beau projet. »

Catherine Tasca, qui a dû succéder à Catherine Trautmann au ministère de la Culture dans le gouvernement de Lionel Jospin, prononce ce discours à Mulhouse, dans une ville et une région où le Front national réalise des scores importants, et à quelques semaines de l'élection présidentielle qui verra le leader de l'extrême droite accéder au second tour. La grandiloquence vitaliste de la prose langienne des années 1980 s'est effacée – alors même que l'ancien locataire de la Rue de Valois peut rêver, en tant que ministre de l'Éducation nationale, à une politique d'éducation artistique d'envergure grâce à d'importants crédits susceptibles de faire pâlir la ministre de la Culture. Quelques bribes d'illusions demeurent néanmoins. Face à des enjeux de société qui seraient, selon Catherine Tasca, ceux du « vivre ensemble », la présence de la création contemporaine dans l'espace public s'impose. Mais elle semble se réduire à un signal de rappel de valeurs menacées. L'apport de l'artiste et son engagement au sein de la cité sont en outre présentés comme les clés de voûte de la « diversité culturelle ». Mais le contenu de la notion demeure assez flou. L'impératif de démocratisation culturelle semble ainsi plus que jamais improbable, confirmant par là même quelques enquêtes officielles parues auparavant sur la consommation culturelle des Français et l'une des interprétations données au traumatisme de la présidentielle à venir: un séisme révélateur de la « fracture culturelle ».

Catherine Tasca

« Nous étions, il y a peu, tous ensemble… »

Allocution de Catherine Tasca, ministre de la Culture et de la Communication, à l'occasion de l'inauguration de Space, *commande publique réalisée par Jean-Pierre Raynaud. Mulhouse, le 7 février 2002. Extrait.*

« *[…]* Nous étions il y a peu, tous ensemble, à la Filature, l'une des plus belles institutions de notre réseau de scènes nationales, cette Filature qui est une très forte illustration de la place que vous faites à la création pluridisciplinaire et de la présence vivante des artistes dans la cité. J'ai pu y voir l'intensité du travail d'un jour ordinaire – puisque, me dit-on, rien n'avait été arrangé pour mon passage –, cette intensité d'un jour ordinaire qui témoigne de l'engagement de Christopher Crimes et de toute son équipe. Une équipe qui est passionnément engagée aux côtés des artistes qui font de votre ville, qui font de cette agglomération, un lieu privilégié pour la création. Dans ce contexte tout à fait remarquable, foisonnant d'initiatives, je suis d'autant plus heureuse d'inaugurer avec vous la magnifique œuvre que la ville de Mulhouse vient de se donner grâce à Jean-Pierre Raynaud. Je dois dire que, ce qui donne sens et force à cette création, c'est l'œuvre elle-même, c'est le propos intime de l'artiste qui l'a nourrie, mais c'est aussi ce terreau sur lequel elle vient s'inscrire, et c'est parce que vous menez cette politique culturelle et éducative ambitieuse que je trouve que cette commande publique prend véritablement tout son sens.

Je vois en effet ici s'affirmer, de façon très évidente, une politique – celle de la commande publique – qui, tout en contribuant à l'enrichissement du cadre de vie et au développement du patrimoine, témoigne de l'engagement précieux de l'artiste d'aujourd'hui dans la vie de la cité, et diverses formes d'expression des artistes nous rappellent, et il en est bien besoin aujourd'hui, que le repli sur soi, la nostalgie des temps passés, aveuglent le regard posé sur une société qui, elle, est forcément et constamment en mouvement. Je crois qu'on ne peut pas tourner le dos aux nouvelles formes de la création contemporaine. Nous avons besoin d'elles. L'œuvre de l'artiste se nourrit de ce mouvement, mais, ce mouvement, il est également entraîné par l'œuvre de l'artiste. La diversité culturelle, qui est au cœur de la politique que nous menons avec Lionel Jospin et que nous nous efforçons de faire partager à beaucoup de pays amis, cette diversité culturelle, elle est, pour moi, elle doit être synonyme d'audace, de découverte, de tolérance, d'ambition pour une société ouverte, moderne, et c'est pourquoi la présence de l'artiste au sein de la cité est véritablement une des chances de notre société.

La présence de l'art dans l'espace public, hors des lieux qui lui sont traditionnellement consacrés, même si ces lieux sont importants, nous le savons, est tout autant l'enrichissement du patrimoine qu'une vraie rencontre avec nos concitoyens. C'est une véritable chance d'élargissement de l'audience de la création dans une société qui, souvent accaparée par les forces économiques, accaparée par des confrontations matérielles rudes, pourrait perdre de vue le sens profond de notre vie commune. L'art dans l'espace public, c'est ce rappel finalement des enjeux et des chances fondamentales de notre « vie ensemble », de notre espace commun. *[...]* »

Encourager la création sous toutes ses formes et multiplier les agents de la commande publique, scandent Lang et Léotard dans leurs conférences de presse respectives. Nous serions passés de l'art d'État – célébrant les figures emblématiques d'une République en marche – à l'art dans tous ses états : irruption moderne et kaléidoscopique d'un art public de la vitalité. Christian Ruby, philosophe spécialiste notamment des questions de « l'art et la ville », est invité à questionner cette rupture annoncée. La multiplication des réalisations dans le vaste plan de « relance de la commande publique » engagé en 1983 rend-elle caduque toute entreprise de circonscription d'un paysage lisible et cohérent ? L'auteur arpente les formes disséminées sur le territoire, y scrute les contours d'un éventuel visage public dessiné par l'art de commande. Il nous propose ainsi une réflexion sur la manifestation de nouvelles figures de la coexistence sociale, manifestation visible à l'œil qui sait résister aux séductions de « l'esthétisation », cette rhétorique politique moderne recouvrant les formes contemporaines d'un voile de sens pour le moins opaque.

Christian Ruby

L'art public hanté par l'esthétisation

Contribution, septembre 2004.

Une œuvre d'art placée en public peut-elle éviter de tomber sous le coup des processus politiques d'esthétisation lorsqu'elle est le fruit de la commande publique telle qu'elle est organisée depuis de nombreuses années par les agents de l'État esthétique ? Une œuvre d'art public peut-elle même résister à ces processus ? Ces deux questions ont leur place au cœur d'une réflexion portant sur tout un pan des politiques culturelles et des actuelles politiques de la ville [1]. Le choix des œuvres, des types de projets, des procédures de légitimation, des emplacements de destination, engage toujours une pensée politique. Ces dernières années, il s'est fondé, et se fonde encore, sur un objectif de modernisation de la société et d'aménagement de la coexistence des citoyennes et des citoyens, assuré par la médiation de la sensibilité, selon une conception affective du « commun ».

Abandonnons provisoirement le point de vue du spectateur pour évoquer la grammaire des formes artistiques les plus emblématiques de la commande publique, celles que citent de préférence les promoteurs de l'action culturelle, qui subjuguent les médias et les passants et sont censées conduire la « communauté » à la moralité par l'émotion. Ces formes composent une rhétorique qui joue un rôle

1. En France. D'autres commentaires devraient être proposés pour des statues déboulonnées ailleurs, et pour expliquer ces dégoûts soudain pour ce qui a été vénéré avant d'être jeté à l'égout, cette fosse de vérité sans doute mais qui pratique l'effacement de ce qui est refoulé.

central dans l'élaboration des mythologies consensuelles de notre société. Totems et plans [2], portiques et néons [3], statues mémorielles et aménagements des espaces [4], signent des monuments « nouveaux » sans pour autant aider le corps politique à se projeter dans l'avenir.

Grammaire des formes

Du point de vue philosophique, les formes artistiques sont évidemment uniques, chaque fois. Mais il existe aussi une sorte de possibilité de regroupement, de correspondance, entre des œuvres. Dans les objets les plus courants proposés, ni la figure humaine ni le socle ne dominent plus, mais des aspects traditionnels sont conservés: hauteur, circonférence, agencement et exaltation. Une lecture dépassionnée des œuvres signale qu'il s'agit néanmoins souvent de participer à des aménagements plus globaux [5]. Ces formes (érections et étalement, dureté et mollesse), ces matières (béton, acier, miroirs, nouveaux médias, etc.) et ces lieux élus (des lieux évidents) se régalent d'une rhétorique de la société sur elle-même. Son lexique est encore celui de la belle œuvre et du beau lieu. Il n'exige guère de modulation puisqu'il valorise des modèles, véhicule des modes et

2. Totems (Nissim Merkado, Marta Pan, Piotr Kowalski, Ulrich Ruckriem, Arman, Rougemont, Jean-Pierre Raynaud, etc.) et plans (Laurence Weiner, Claes Oldenbourg, Nils Udo, etc.). On pourrait dire aussi: érections et ronds-points.

3. Portiques (Rougemont à Riom, Jean-Michel Othoniel à Paris) et néons (François Morellet à Rennes, Sarkis à Sélestat, etc.).

4. Statues mémorielles: Jean Marais (hommage à Marcel Aymé, Paris), Roseline Granel (hommage à Jean-Paul Sartre, Paris), Chattaway (hommage à Bernanos, Paris), sans oublier les hommages à Léon Blum, à Mendès-France, à François Mitterrand, etc. Toute une panoplie de gloires à la mémoire du temps.

5. Voire à des rénovations (Jean-Luc Vilmouth à Châtellerault, Alain Kirili aux Tuileries), à des réhabilitations ou à la réorganisation du tourisme culturel (cas des vitraux: Jean-Michel Alberola à Nevers, Jean-Pierre Raynaud à Noirlac, Pierre Soulages à Conques, Claude Viallat à Nevers, etc., cas d'Oiron,etc.).

instille une manière de se représenter le monde ou la ville, dont on fait ensuite une source d'inspiration pour les citoyennes, les citoyens et/ou les scolaires.

Lorsque le passant a réussi à impliquer son existence dans ces espaces, il reconnaît certes volontiers qu'il a devant lui ou autour de lui des formes « modernes », des formes qui, pour la plupart, ont accepté le renoncement à la statuaire et à l'apparat glorieux du corps politique. Mais qui n'ont pas toujours renoncé à l'apparat avantageux [6]. Notamment lorsqu'il s'agit de prendre part à l'aménagement d'un « environnement de qualité » ou à une stratégie globale de développement urbain. L'approche décorative domine ce qui devient un véritable programme de requalification plutôt qu'un véritable travail artistique [7].

Sans aucun doute, la curiosité, de ce point de vue, réside dans le fait que les formes semblent se libérer de la tradition « classique » de l'art public – de la statuomanie civique célébrée par Charles Baudelaire et vertement dénoncée par Francis Picabia (« ces cadavres domestiques, en bronze ou en marbre, de nos places publiques: Jésus-Christ-Stradivarius, Napoléon l'emmerdeur, Spinoza le somnifère, Nietzsche l'onaniste, Lautréamont le sodomite ») – en se donnant à voir pour elles-mêmes sans jouer du pouvoir intimidant de l'icône, mais qu'elles aliènent l'imagination autrement. Les formes nouvelles

6. *Série des arcs de triomphe, à l'exception de Patrick Raynaud à Givors et d'Éric Dietman à Rennes, plus globalement, voir la question des* Paris de François Mitterrand, *François Chaslin, Paris, Folio, 1985.*

7. *D'« avant-garde » ou non, car il existe des commandes plus discrètes et plus intéressantes (cf. note 9), et des commandes véritablement problématisées: l'espace à construire au fur et à mesure du déplacement de Jan Dibbets (hommage à Arago, Paris), Tim (hommage à Dreyfus, Paris), Dan Graham (Nantes), Krzysztof Wodicsko (Nantes), Braco Dimitijevic (Ussel), Jochen Gerz (Biron), Jaume Plansa (Auch), etc. Il conviendra de faire le point, d'ici à quelques années, sur l'ambitieux programme des « nouveaux commanditaires » de la Fondation de France.*

brodent sur la provocation de l'unisson à partir d'une modernité à laquelle nous sommes désormais habitués. Et souvent l'observateur est pris dans un mouvement plus ou moins organisé de stimuli conditionnant ses réflexes. Les monuments publics modernes et modernistes sont réduits à des qualités sensibles d'impact. Les œuvres admettent d'emblée des manières de faire, des découpes et des modes de visibilité qui sont susceptibles de provoquer des satisfactions des sens, sans débordement majeur.

Les inflexions urbaines de l'art

Certes, de tout ce qui existe, une partie seulement peut être réduite à cela. Mais c'est la plus valorisée. La plus répétitive aussi [8]. Constitue-t-elle un gage donné aux partisans de la constitution de nouveaux repères culturels, qui en réclament la présence pour la destiner aux générations « perdues », aux générations de « déracinés »? En dehors du fait que ce thème est éminemment suspect, il n'est pas insensé cependant d'émettre une hypothèse de ce type. N'en a-t-on pas profité pour soutenir et amplifier publiquement les éblouissements de ceux qui se sont constitués une solide mémoire de formes au long du XXe siècle, qui ont acquis par l'école – et le profitable travail d'André Malraux (Victor Vasarely, Jean Dubuffet, Marta Pan, Gottfried Honegger, etc.) ou accompli sous son inspiration – des références n'ayant encore que de modestes traductions dans les lieux publics?

Ne touchons-nous pas par ce biais une question décisive: quel est le goût ainsi soutenu par ces œuvres d'art public? Avec quel type de communauté de destinataires ces œuvres sont-elles en phase? Ce qui est certain, c'est que cette poétique stéréotypée des villes encourage

8. D'où les effets de clonage: des lieux (carrefours, places, etc.), des choix (Tinguely: Paris et Château-Chinon, Bernar Venet: Paris, Belley, Nice), des commentaires, etc.

une idéologie du bien-être dans les villes reconstruites progressivement à l'aune de recettes et design figés : quartiers centraux piétonniers, chaînes de magasins identiques, promenades commerciales, et néanmoins quartiers éloignés de relégation. Dans ce cadre urbain, l'art est pratiquement inscrit d'avance dans l'espace, là où il célèbre placidement l'ostentation de certaines mœurs (espaces d'échanges, mobiliers d'agrément, bancs publics et jeux urbains).

Voilà donc un art passe-partout et qu'on retrouve à peu près partout, sous les mêmes formes. Justement parce que cet art repose sur des partages déjà donnés et confortables. C'est un « art urbain », un art qui est simplement posé, qui converge avec les modes, et cultive parfois le sensationnel, tout en organisant en effet ses produits comme des systèmes d'aménagement qui ont les faveurs du goût du jour. Un art qui cultive une fausse universalité : le style actuel de l'art urbain répétitif est celui de la liquidation de tout problème et de la tromperie à l'égard des citoyennes et des citoyens auxquels on donne l'assurance de se confronter à l'art « contemporain » en leur mettant sous les yeux seulement ce qui correspond à leur formation artistique (« moderne »).

L'art du remaillage social

L'art urbain est devenu le lieu d'une intense activité. Activités des pouvoirs publics, qui savent désormais qu'il faut compter avec les citadins et leur proposer (vertu électorale) des programmes artistiques liés aux goûts du jour ou facilitant la (une certaine) « lecture de la ville » ; activités d'entreprises qui savent que désormais l'art urbain représente aussi un marché (installations, sous-sols à modifier, voire entretiens des œuvres (est-ce sûr ?), etc.) ; activités des intermédiaires (agents de l'État esthétique, médiateurs, etc.) qui fabriquent de la rencontre et par là même un certain type d'espace public ; activités de discours sur le thème de l'art « créateur du lien social », ou de la « fracture sociale » que l'art pourrait réduire ; enfin, activités des artistes qui parfois se lancent dans ces aventures moins sur la base d'une Idée de l'art urbain ou de l'art public que sur la base d'un « débouché ». Aussi le risque est-il pris de se satisfaire d'un art qui sollicite les goûts du public, recherche seulement son bien-être et se substitue aux citoyennes et citoyens pour produire du sens social. La ville, dans ce cas, n'est plus qu'un lieu d'occupation, une sorte de palliatif au regard de la non-résolution des problèmes sociaux et politiques (peurs de la ville, violences urbaines, désaffiliations, désertifications industrielles, etc.).

Ce sont donc globalement des œuvres « sages », « urbaines » plutôt que « publiques », si les unes agrémentent et les autres inquiètent les relations interhumaines. Si ces œuvres ne pratiquent que peu la mise à distance ou favorisent plutôt la reprogrammation du réel social en fonction des composantes des mouvements artistiques récents – témoignage du fait que l'art en question peut devenir esthétiquement « pauvre » –, c'est effectivement qu'elles relèvent de l'art urbain. Mais ce n'est pas encore un « art public », susceptible d'aider la société à s'interroger sur elle-même dans les lieux publics. Ces œuvres n'assument le déplacement de l'ancien souci politique des modernes en une attention renouvelée pour la ville qu'en investissant de nouveaux objets, pas encore en entrant dans l'espace public ou en posant la question de savoir ce que « veulent » les citoyens.

Le sens du commun

Une dernière question demeure. Cette action politique entreprise à distance est-elle identique à ce qui « s'est toujours fait », comme beaucoup le croient (depuis les Grecs ?). Certes, des rapports entre les arts et le politique existent depuis longtemps, mais jamais sous des formes et des fins identiques. Et même dans une chronologie républicaine courte, en France, les données diffèrent. L'art éducatif public destiné à forger une religion civile sous la IIIe République ne se dispense pas sous les mêmes accents que l'art civique de la Ve République, après 1980. Il convient d'éviter de penser cette histoire en termes téléologiques ou cumulatifs, comme entassement dans cette prodigieuse pyramide que Victor Hugo appelait « civilisation ». Si le vivant est trop souvent hanté par le mort, on a, à l'inverse, parfois du mal à reconnaître l'originalité de son époque.

Or elle en a une. Sauf chez quelques-uns, on ne cherche plus vraiment à savoir si les masses ont besoin d'une religion civile qui parle aux foules. L'art moderne ne s'y plierait sans doute pas. Mais l'État n'est pas sans chercher à substituer au grand récit décrédibilisé de l'histoire, qui est simultanément le grand récit de justification de sa constitution nationale, de nouvelles figures de la coexistence sociale et politique, sous le mode de l'esthétisation. Et cela « fonctionne »! Autant cet art a longtemps été identifié à l'incompréhension et à l'ennui, autant il est accueilli avec faveur dans le contexte de l'expression individuelle et de la communication entre les individus.

La question est donc bien celle du « commun », du « lien social », sous ses versions officielles destinées à négliger les violences sociales, les diffractions, les discussions et les différends. Le choix de l'esthétisation correspond au choix de laisser aller le « commun » dans la sensibilité afin de dessiner les lieux dans lesquels les cohabitations des « différences » peuvent s'exprimer en public sans susciter immédiatement cette violence: fêtes, sports, congés, loisirs, agréments urbains, etc. Nous pourrions presque affirmer qu'il s'agit donc plus d'une problématique républicaine que d'une problématique démocratique de l'art, si la démocratie est une valeur politique ancrée dans le dialogue, la confrontation et l'émergence du différend [9].

9. Ce sur quoi appuient d'autres travaux d'artistes contemporains: Bruno Serralongue (à Nantes) avec l'association Entre-deux; Slimane Raïs (à Grenoble), Joël Hubaut (à Tours, à Hérouville-Saint-Clair), Aikio Suzuki (à Paris),etc.

Hasard des affinités et des commandes ? Certainement pas. Nous nous trouvons plus exactement devant une manière inédite de faire parler la rue et dans la rue. Personnels d'État ou potentats locaux aidant (et aidés par la déconcentration), c'est tout un art mis au service de la communication publique qui vient au jour, une esthétique de la distraction publique et de la rénovation urbaine, de l'autocélébration des femmes et hommes politiques par usage politique du discours sur l'art, et un art de la rentabilité idéologique, même sans figuration directe. D'un mot, il est possible d'affirmer que, de ces moments d'un prix infini qui donnent une sorte de dignité à notre existence humaine que sont les œuvres d'art, les politiques tirent à profusion une force normative. Il y est simultanément question de multiplier les contrôles de l'espace (y compris ceux des lieux de la désaffection industrielle) et les manières de faire de la politique dans les lieux publics, voire de suspendre la possibilité d'interroger les systèmes de légitimation fonctionnant dans l'espace public démocratique et républicain qui est le nôtre.

Mais, après tout, ne faut-il pas aussi laisser le spectateur éprouver ces « choses publiques » ? Les œuvres sont des propositions d'exercices à pratiquer. Encore invitons-nous cependant les passants-spectateurs à s'intéresser, dans le cadre de la commande publique, à l'art du dialogue et de l'interférence, dans la mesure où il serait tout à fait puéril de traiter de toutes les commandes et de cette époque en termes uniformes. La masse des œuvres déposées est contrastée, et les effets sont divers. De toute façon, cette commande publique, pour une époque qui n'est plus la nôtre, a joué son rôle. Lorsqu'elle se perpétue de nos jours, ses défauts sont encore plus éclatants. Mais nous avons sans doute changé d'époque sur de nombreux plans. Et, parfois, d'autres commandes, d'autres œuvres, plus discrètes, et d'art contemporain, ne s'articulant pourtant pas à un idéal révolutionnaire ainsi que le pratiquait l'art d'avant-garde, ni ne cherchant à s'adresser à un peuple constitué d'avance en une puissance révolutionnaire, bénéficient d'une lumière extérieure grâce à laquelle elles s'attaquent à la critique des légitimations publiques.

CHRISTIAN RUBY A NOTAMMENT PUBLIÉ
L'ÉTAT ESTHÉTIQUE, ESSAI SUR L'INSTRUMENTALISATION DE LA CULTURE ET DES ARTS, BRUXELLES, LABOR, 2000 ;
L'ART PUBLIC, UN ART DE VIVRE EN VILLE, BRUXELLES, LA LETTRE VOLÉE, 2001.

L'éclosion d'œuvres d'art audacieuses, tel est le dessein affiché de la politique de commande publique en arts plastiques. Que voyons-nous donc ? La manifestation d'un art contemporain enfin reconnu par l'État. En contre-champ de ce spectacle, les enjeux peuvent néanmoins paraître tout autres. Patrick Bouchain, architecte et conseiller auprès d'artistes plasticiens pour certaines opérations emblématiques de cette politique – Les Deux-Plateaux, Daniel Buren, Paris, 1986 ; La Bicyclette ensevelie, Claes Oldenburg, Paris 1990 ; Ex-Libris, Joseph Kosuth, Figeac 1990 –, propose une analyse interne des mécanismes de commande et des questions qu'ils posent. Évoquant de nombreux exemples, il restitue ce qui se révèle être une particularité ignorée de cette politique : sa capacité à permettre la mise en œuvre, par une stratégie de détournement, de projets qui débordent le périmètre de la politique des arts plastiques stricto sensu *et qui relèvent davantage de la politique sociale ou urbaine. Est-ce à dire que la commande publique sert des desseins qui lui sont étrangers ?*

Patrick Bouchain

Corps étrangers

Entretien, 4 octobre 2004.

Culture Publique : Au regard des œuvres de Daniel Buren, de Claes Oldenburg et de Joseph Kosuth, peut-on considérer le plan de relance de la commande publique comme la conséquence d'une audace politique caractéristique de la nouvelle équipe gouvernementale du début des années 1980 ?

Patrick Bouchain : J'ai souvent dit à Jack Lang qu'il était un ministre d'avant-garde et un maire réactionnaire. Quand on est en haut, on peut en effet prendre des décisions révolutionnaires, mais, quand on est en bas, il est parfois difficile d'assumer toutes les conséquences de la révolution. La décision de Jack Lang de relancer la politique de la commande publique en confiant à Daniel Buren le soin de repenser la cour d'honneur du Palais-Royal relève incontestablement d'un très grand courage politique. En même temps, ce courage politique est forcément écorné par la gestion du quotidien, par les multiples pressions qui se font sentir, comme celles, dans le cas qui nous occupe, de Robert Badinter, président du Conseil constitutionnel, du secrétaire général de la Comédie-Française, et du Conseil d'État. Quand de tels corps constitués, aussi puissants, se mettent à faire pression dans le même sens, la tentation se fait vive de remettre en cause la décision prise sur le plan intellectuel pour la défense de l'art contemporain. Dans le cas de Daniel Buren, la situation est particulièrement intéressante, en ceci que l'institution s'est retrouvée juge et partie, puisque le Conseil d'État a lancé une pétition contre l'œuvre afin de faire juger l'œuvre… devant le Conseil d'État. Autre cas de figure, un conseiller du ministre, par des remontées de la base, des conservateurs ou de la Direction du patrimoine, peut retransmettre un désaveu qui atteint le ministre et peut nuire à son autorité générale. Dans le cas du Palais-Royal, on a profité de la fragilité du pouvoir, puisque les choses se sont jouées entre mars 1985 et mars 1986. Dans le cas de Claes Oldenburg, le contexte est différent, puisque l'œuvre avait été commandée en 1985, et le président de l'établissement public de la Villette a profité du contexte politique pour ne pas honorer la commande et en repousser la réalisation. Dès que Jack Lang revient au ministère, en 1988, il réimpose au président de la Villette ce « démon enseveli ». Ici c'est la pression du jardin qui a joué, Tschumi considérant qu'il avait un droit de regard sur toute implantation d'œuvres et les responsables des thèmes des jardins se montrant inquiets de voir arriver une œuvre d'art qui échappait à tout classement. Il est frappant de voir que, dans les deux cas, une fois imposée, l'œuvre a été immédiatement acceptée par les enfants, qui en ont fait une aire de jeu ou un mur d'escalade.

Dans le cas de Figeac, c'est l'élu local Malvy, très éclairé, très déterminé, qui souhaitait rendre hommage à Champollion en commandant une œuvre. Choisi par la délégation aux Arts plastiques, Joseph Kosuth décide de réaliser un espace public à l'emplacement de la maison de Champollion en implantant un agrandissement de la pierre de Rosette. Cette décision provoque immédiatement la risée des égyptologues qui s'inquiètent de savoir qui sera capable de réaliser un tel ouvrage.

Dans ces trois cas, je n'ai pas eu affaire à des élus qui se sont servis de l'art comme objet de maintien ou de conquête du pouvoir. En revanche, j'ai perçu que certains élus qui avaient à résoudre d'effroyables problèmes concernant l'aménagement urbain et l'intégration sociale pouvaient être amenés à se servir de l'art comme ultime cartouche pour résoudre ceux-là. C'est notamment ce qui s'est passé dans les quartiers difficiles avec le théâtre de rue ou le renouveau du cirque. Souvent, pour masquer une certaine inculture, ces élus ont considéré l'art contemporain comme une sorte de clé magique, comme si, en associant art et contemporain, on était dans son temps, cultivé et forcément progressiste. On a assisté à une sorte de surenchère excessive du mot art contemporain au service d'un aménagement de ville déficient ou d'une esthétique générale très académique. On a vu des maires défendre l'art contemporain tout en continuant à réaliser des jardinières de fleurs ou des rues piétonnes.

C. P.: Est-ce à dire que, dans certains cas, la volonté de réhabiliter l'art contemporain dans la ville est venue pour pallier les errances de la politique urbaine?
P. B.: À l'origine, il y a des motivations aussi bien positives que négatives. On s'aperçoit que, pour la plupart des gens, l'art est l'espace d'une vraie liberté et permet de surmonter toutes les contraintes, à commencer par les plus encombrantes comme celles qu'impose le code des marchés publics. On peut en effet passer commande à un artiste sans mise en concurrence puisque, l'œuvre étant unique, on choisit l'artiste pour ses compétences spécifiques. C'était donc essentiellement un espace de liberté pour des élus qui n'arrivaient plus à imposer leur politique et qui découvraient par ce biais un moyen plus direct pour faire des choix en échappant aux contraintes de la réglementation.

C. P.: Cela veut-il dire que la commande publique repose sur la logique d'un coup de force: il y a sur un territoire donné un champ de forces qui s'affrontent, et le coup de force devient un levier nécessaire pour faire évoluer le système?

P. B. : Oui, il s'agit d'un coup de force nécessaire, mais il y a tout d'abord, chez les élus, la découverte que l'art est profondément libre et qu'il est extrêmement difficile de critiquer une œuvre d'art. On peut dire : « J'aime ou j'aime pas », mais ce jugement de goût ne vaut pas comme critique. Il n'est pas rare qu'un élu ait commandé une œuvre à un artiste de renom sans aimer personnellement son travail, afin de faire politiquement avancer le processus d'intégration de l'art contemporain dans l'espace public.

À Sète, par exemple, quand on devait faire le Musée international des arts modestes avec Hervé Di Rosa, le projet était très contradictoire. D'un côté, il s'agissait pour la ville de reconnaître l'un de ses artistes, mais, d'un autre côté, l'enjeu pouvait devenir très réactionnaire, avec un discours d'obédience communiste visant à faire passer un art populaire comme un art de masse. Dans les discussions que nous avions avec les élus, Hervé Di Rosa répondait systématiquement que l'art qu'il appelait « modeste » n'était pas forcément de l'art amateur, mais qu'il pouvait être d'emblée professionnel. Lors d'un conseil municipal où il s'agissait de défendre ce projet impulsé par Hervé Di Rosa, le débat qui a eu lieu en dit long sur les rapports que les politiques entretiennent avec l'art. Peut-être avec un peu de démagogie, Hervé Di Rosa prétendait faire don de sa collection d'art populaire, ouverte à des œuvres d'inconnus, et, tout en ne s'incluant pas dans ces inconnus, expliquant qu'il était capable de reconnaître ces inconnus. Ce à quoi un élu aux sports a répondu, non sans malice : « Puisque l'art ne se discute pas apparemment et que c'est l'affaire de tous, ou en tous les cas de chacun, cela veut donc dire que ma femme qui peint le dimanche pourra exposer au Musée des arts modestes. » Di Rosa ne voyant pas le piège venir a alors répondu : « Non, ce n'est pas ça. » Et l'autre de lui renvoyer : « Ah bon, je croyais que l'art ne se discutait pas, et là je vois qu'on commence à en discuter… mais sur quelles bases va-t-on en discuter ? »

Je pense que c'est très souvent par inculture qu'on a mis l'art en avant, mais en faisant dès lors l'impasse sur de vrais débats de fond – ce qui a pu produire des désastres, parce que certaines œuvres, sans être mauvaises pour autant, n'ont pas résisté à l'espace public. C'est ce que dit Buren dans une conférence prononcée à l'occasion d'une biennale en Allemagne : « À force de descendre dans la rue, l'art peut-il enfin y monter ? » Dans l'appauvrissement général, il se demande s'il est encore digne et judicieux pour l'art d'y aller. Car il est vrai que des œuvres qui n'étaient pas forcément dignes pouvaient apparaître comme des œuvres d'art parce qu'elles étaient mises dans des lieux protégés ; une fois transposées dans la dureté de l'espace public, même avec le soutien des élus, on s'est rendu compte que ces œuvres ne tenaient pas le choc.

Il reste vrai que cette réhabilitation de la commande publique est un grand moment dans l'histoire de la politique culturelle française, car cette décision d'apparence candide a permis de donner un nouveau souffle à l'art contemporain en le sortant des musées – même si, pour d'autres, il s'agissait toujours de commander des sculptures de personnalités et de généraux pour meubler les alcôves du musée des Arts décoratifs. Et cette initiative est en fait très spécifiquement française, avec une décision fortement centralisée, avec un fonds spécial pour la commande et la création de la délégation aux Arts plastiques, qui passe immédiatement commande à de grands artistes.

C. P. : Dans quelle mesure considérez-vous que les élus locaux ont pris le relais dans ces domaines avec le nouveau contexte de la décentralisation ? Comment l'impulsion centrale se manifeste-t-elle encore sur le terrain local ?

P. B. : Il y avait, dans les années 1980, une réalité économique qui n'existe plus : quand l'État impulsait, il payait la première donne. Aujourd'hui, l'État donne des directives, mais il ne paye pas ce qui met le pied à l'étrier. La délégation aux Arts plastiques, avec son corps d'inspection, avait pour fonction de promouvoir la commande publique et de passer des contrats en rémunérant l'artiste choisi pour l'esquisse, les premiers dessins ou la maquette. Ce qui voulait dire que, en allant rencontrer les élus, les artistes pouvaient présenter un projet déjà matérialisé.

C. P.: Comment évaluez-vous les effets de cette politique sur le paysage de l'art contemporain ?
P. B.: Certes, toutes les villes de France n'ont pas obligatoirement passé commande d'œuvres d'art à des artistes, mais j'ai vu de nombreux cas où le 1 % artistique – qui autorise à prélever 1 % du coût de la construction d'un bâtiment public pour financer des œuvres – n'était plus du tout utilisé et où des architectes ou des maîtres d'ouvrage se sont mis à réutiliser cette loi, en diversifiant largement le champ des œuvres commandées – ce qui a eu pour effet d'élargir la définition même du champ de l'art. On est sorti du strict domaine des fresques et des sculptures pour aller vers les paysages, le design, le mobilier, l'éclairage – ce qui a eu pour effet de susciter de nouvelles politiques d'achat des Centres d'art et des Fonds régionaux d'art contemporain, qui ont notamment acquis des œuvres non pérennes.

C. P.: Comment percevez-vous l'évolution contemporaine de cette politique ?
P. B.: Je redoute de plus en plus les effets désastreux d'un centre vide de ses impulsions. Au ministère de l'Éducation, le ministre continue à prendre des décisions qu'il impulse à partir d'observations et d'analyses qui proviennent du terrain et qui vont être ensuite relayées par les structures décentralisées. Dans le cas du ministère de la Culture, il semblerait que l'on juge que la décen-

tralisation permet de faire l'économie d'une impulsion d'un corps supérieur qui prend les décisions depuis le centre.

C. P. : Au cœur des stratégies que vous défendez, on a l'impression que vous introduisez un corps étranger, qui peut être rejeté parce que empoisonné ou intégré parce qu'il permet de régénérer l'ensemble.

P. B. : C'est exactement ce qu'Elias Canetti analyse dans *Masse et puissance,* en avançant que le corps étranger peut contaminer le corps et le détruire dans son ensemble, mais peut aussi très bien, en le faisant exploser, permettre une reconstitution du corps avec de nouveaux rapports de force qui s'établissent pour rechercher de nouveaux équilibres. Si une école primaire est refusée par ses usagers, il est parfaitement impossible de la détruire, tandis que, dans le cas d'une œuvre d'art, on peut parfaitement imaginer un rejet, une certaine marge de liberté critique, voire la possibilité de détruire l'œuvre. Si je construis une piscine à 18 °C, la Dass me tombera dessus et la fera fermer. Si James Turell décide d'investir ma piscine comme une œuvre, tout le monde plongera les yeux fermés ! Pour l'éclairage, c'est la même chose : si l'architecte tient compte des réglementations et des codes en vigueur pour l'éclairage des places publiques, il n'a aucune marge de manœuvre. Si c'est un artiste qui exprime la nécessité d'un éclairage tamisé, le projet sera accepté. Quand on force les hommes à sortir de leur territoire, j'ai remarqué qu'ils perdaient leur méchanceté et se remettaient à penser.

C'est ce qui s'est passé dans la cour d'honneur du Palais-Royal avec Daniel Buren. Les pompiers résistaient au motif qu'ils ne pouvaient plus entrer dans la cour pour éteindre un incendie à la Comédie-Française – ce qu'ils ne pouvaient pas faire davantage quand elle était envahie de voitures ! Il a fallu reprendre l'argumentation et travailler à partir de ce blocage. J'ai donc mesuré le diamètre de leurs essieux, et j'ai suggéré à Daniel Buren de ménager deux rangées de colonnes basses à 30 centimètres. Le corps étranger se trouvait alors accepté parce que c'était une œuvre d'art.

C. P. : Ce que vous évoquez là dessine un projet cher à Jack Lang, et pourtant resté lettre morte, à savoir l'idée d'un grand ministère de l'Espace public intégrant la Culture, la Ville, l'Urbanisme et l'Architecture. La question qui se pose dans beaucoup de domaines, et que la culture permet finalement de résoudre dans bien des cas, revient à se demander comment gagner des espaces de liberté dans des secteurs qui sont, par nature, très contraignants. Et comment les réformer ?

P. B. : Comment les réformer, du moins par jurisprudence, puisqu'on ne peut pas les réformer par décret ? Prenons l'exemple du jardinier-paysagiste Gilles Clément à qui l'on voulait passer commande d'une œuvre d'art. La délégation aux Arts plastiques s'est opposée à son projet au motif qu'il était paysagiste et qu'il relevait de l'agriculture ou de l'équipement. Il a suffi qu'on fasse inscrire Gilles Clément à la maison des Artistes pour que le problème soit réglé. Des œuvres de Barbara Krüger, de Finlay ou de Buren sont sur une limite instable, à la frontière de l'œuvre d'art et du paysage. Puisque le jardin de Clément se trouvait devant le château de Blois, on aurait dû faire un jardin historique, conformément à ce que prescrit la Commission supérieure des jardins historiques. Or son statut d'artiste a permis de contourner cela aisément…

Dans chacun des cas que j'évoque, la commande a permis de révéler les œuvres à leur caractère contextuel, ce qui nous pousse à remettre à chaque fois notre réflexion sur la table. Inversement, cette attention au contexte et au lieu rend les différents protagonistes locaux plus souples, plus libres dans leur manière de penser et d'intégrer l'art contemporain. C'est sans doute là la véritable force d'un ministère de la Culture, qui n'est pas forcément proportionnelle à l'importance de ses budgets, mais qui repose sur la puissance de ses idées, sur son audace, son obstination et sa force de conviction.

En marge du spectacle éclatant d'une politique de commande publique en marche, nombre d'artistes ne cessent d'explorer des espaces intermédiaires, terres vierges et fertiles de leur création. En marge d'une génération d'artistes enfin reconnus par l'État à partir des années 1980, de jeunes artistes s'emploient à dessiner le chemin de leur éclosion alternative. Yann Toma est de ceux-là. Il est ici invité à rendre compte de son propre univers artistique, véritable écosystème construit sur la projection sans fin des lieux-dits de la société. Le paradoxe de l'île déserte est d'y rencontrer la foule. À l'horizon de son abri, ne rencontre-t-il pas l'espace politique dessiné par deux décennies de visibles et d'imagination manifestes ?

Yann Toma

En cas d'oubli, prière d'en faire part

Contribution, janvier 2004.

« Si demain nous gouvernons la France,
les hommes de culture seront avec nous les artisans du changement. »
François Mitterrand

Les mots de la citation sont devenus à présent des paroles historiques. Paroles validées pour la postérité. La réalité politique a contrarié le devenir du projet initial...
Pourtant, en lisant et relisant les paroles de l'homme alors encore simple candidat à l'élection présidentielle, je me surprends à toujours y croire. Depuis bientôt neuf ans, depuis un certain mois de décembre 1995, me voilà convaincu que les « hommes de culture » (si l'on peut les restreindre à ceux qui produisent et ont accès à la connaissance) ne peuvent agir librement que dans des espaces qu'ils déterminent eux-mêmes, c'est-à-dire des territoires libres et susceptibles d'être infiniment étendus, tant spatialement que temporellement. Ces territoires sont à l'abri de toutes perturbations et influences extérieures. Ils sont propices à la réflexion et à une pensée du monde ouverte et audacieuse [1]. Ils sont déterminants pour qu'un lien cultu-

1. L'abri est par définition le lieu où l'on est à couvert des intempéries et des dangers. En élargissant le terme, ce pourrait être aussi un espace de relève du présent, un lieu étanche aux radiations du conditionnement quotidien, conditionnement moralisateur, procédurier, culpabilisant et culturel. Un tel abri mettrait à distance l'individu temporairement dès qu'il le pénétrerait.

rel durable s'établisse entre tous. Le créateur y a une place privilégiée.

À supposer que l'artiste est un « homme de culture », quel rôle peut-il jouer ? Vers quel changement peut-il tendre ? Doit-il également ériger un abri ? Constatons dès à présent qu'au « grand air » (c'est dire dans la réalité politico-culturelle d'aujourd'hui) l'action de l'artiste est quelque peu réduite. Infiltrer la réalité, occuper d'une certaine manière le terrain de l'actualité et renvoyer l'expression d'une vérité crue… tous ces vœux pieux ne sont malheureusement à notre époque qu'un leurre si l'œuvre ne se colle pas au domaine du social. Cantonnée au milieu de l'art, dans une posture qui se voudrait sans « formatage », l'œuvre est aujourd'hui exsangue de toute critique, de toute prise directe avec la société. Elle ne relève ni ne déplace quoi que ce soit. Elle fait fonctionner (souvent malgré elle) le marché de l'animation culturelle ou bien des tendances.

Dans ce magma environnemental rythmé par une crise profonde du pouvoir, l'artiste est un peu un ovni, un être capable de se convaincre en permanence de sa capacité à résister au monde extérieur. Il est *l'homo flexibilis* [2] par excellence. Il correspond exactement au type de profil que l'entreprise recherche à tout prix, le modèle absolu. Malgré les obstacles, il s'emploie à toujours parfaire sa création tout en étant convaincu qu'il est, avant tout, libre et responsable de chacun de ses gestes. L'artiste est aujourd'hui le modèle qu'il faut absolument à l'entreprise, le moteur de travail et de consommation nécessaire à toute la classe moyenne de notre société de marché. L'entreprise non compétitive sera celle qui n'aura pas pris la mesure de cette compétence assez tôt. C'est un problème de rentabilité et de compétence. Comme le souligne Pierre-Michel Menger dans son

2. Individu à haute capacité d'adaptation.

Portrait de l'artiste en travailleur [3], le modèle de l'artiste assoit les compétences des employés qualifiés. Il élève le niveau de responsabilité et le degré d'autonomie de l'individu. On est loin de l'idéal utopique contestataire qui consistait à prêter aux arts un pouvoir dissolvant. Une logique organisationnelle est en marche. L'art est partie prenante de la planification des activités humaines. L'art devient indispensable au bon fonctionnement des réseaux de travail. L'art détend les foules. Les hommes de la culture d'entreprise ne peuvent se passer de ce modèle inespéré disponible jour et nuit car il montre la voie à suivre. L'artiste ne travaille pas pour le processus de rentabilité institué. Il met en pratique ce que Lénine appelait le « travail de style révolutionnaire », c'est-à-dire qu'il « travaille gratuitement plusieurs heures par semaine et développe une productivité sans précédent [4] ».

L'homme de culture a besoin d'un abri, de prendre un peu de distance, pour que la société tout entière en prenne avec lui.

L'abri est un raccourci symbolique, un espace de protection de nos images mentales, un passage couvert au-delà duquel on prend en charge certaines réalités de la vie collective, muni que l'on est des équipements indispensables qu'exige la situation d'urgence qui nous environne: la mise à profit de l'expérience de chacun. C'est principalement un lieu de production et de diffusion d'énergie et d'idées tournées vers l'autre, un lieu fictionnel où pouvoir se réunir et entrechoquer notre mémoire collective.

L'abri n'est pas un refuge coupé du monde, au contraire, il permet

3. La République des idées, Seuil, 2002.

4. V. Lénine, Œuvres choisies, *tome III, Moscou, éditions du Progrès, 1962, p. 302.*

de penser l'idée de résurgence et facilite l'accession à ce que Lacan nomme le « noyau de refoulement », l'image négative de l'ampoule allumée. Ce serait un processus d'élaboration. Au fil des révolutions, des images se préciseraient, amenant ainsi à des phases de l'identification imaginaire, narcissique et spéculaire. Elles ouvriraient à la Prägung [5] une manifestation strictement réservée à l'imaginaire qui « resurgit au cours du progrès du sujet dans un monde symbolique de plus en plus organisé [6] ». Cette Prägung, en résonance avec les images du passé, favoriserait la manifestation d'images mentales [7]. L'abri facilite l'accès à soi-même, et donc à l'autre.

L'art est une puissance logistique libre. Il faut intégrer à nouveau cette réalité : l'art est un média en soi. Utilisé à des fins politiques, il peut communiquer aux populations des messages idéologiques ou bien, tout simplement, les occuper et les distraire de leur condition. Il peut donc les ouvrir au monde tout comme aliéner les foules.
Si, un jour, l'homme de culture doit être un artisan du changement, que ce soit alors en toute liberté et que cela se fasse après que le séjour à l'abri eut été propice à une nouvelle réflexion du monde. Face aux enjeux qui nous attendent et à l'émergence de ce que l'on nomme tourisme culturel, il est aujourd'hui urgent de voir apparaître à un haut degré de responsabilité des personnalités qui soient capables d'affirmer et d'agir pour que l'art puisse encore avoir à faire avec le monde du social, pour que l'individu puisse penser le monde

5. Prägung signifie, en allemand, estampage, frappe, empreinte. C'est une expression approximative qui se situe dans un inconscient non refoulé.
6. J. Lacan, Les Écrits techniques de Freud, *Paris, Essais, 1975, p. 295-296.*
7. L'emprunt à Freud (théorie du traumatisme), via Lacan, de la notion de Prägung est une déviation arbitraire. Dans Les Écrits techniques de Freud *de Lacan, la Prägung est utilisée pour annoncer l'élément traumatique originatif. Cet emprunt lui confère une fonction de détonateur propice à l'émergence du refoulé.*

librement. L'individu, sans le savoir, a en sa possession les mêmes outils de « propagande » que les holdings les plus développés de notre planète. Notre devoir d'homme de culture est de leur rappeler.

Toute personne a son abri.

L'abri de l'homme de culture n'est pas accessible au pouvoir en place, c'est ce qui en fait sa force.

Mon abri, c'est Ouest-Lumière…

Ouest-Lumière a été réellement une entreprise de production et de distribution d'énergie électrique de 1900 à 1946. Après la nationalisation, son nom est resté vacant jusqu'au moment où je l'ai racheté officiellement à l'INPI (Institut national de protection industrielle) après avoir investi son ancienne maison mère de Puteaux pendant trois ans. Aujourd'hui, c'est une fiction artistique. En impliquant près de mille sept cents personnes, toutes catégories sociales confondues, pour la plupart en dehors du milieu de l'art, Ouest-Lumière se positionne sur le champ de la réalité tout en conservant son identité artistique. En mimant le comportement de l'entreprise, OL intègre un outil de défense indispensable : l'ironie. Elle se veut être un paradoxe en expansion et élabore progressivement un réseau d'influence organique. Elle interagit en permanence avec la réalité. Elle se compose d'un conseil d'administration, d'agents et d'abonnés. Toute personne est susceptible de pouvoir un jour devenir abonné d'Ouest-Lumière.

Ouest-Lumière serait-elle de l'art citoyen ? Les processus non matérialisés de l'entreprise fictionnelle, échappant à toute spéculation (car inscrite dans l'éphémère), sont appelés à perdurer dans leur temps. Une esthétique de la résistance se for-

merait peut-être ici, esthétique qui formulerait, au sein d'un processus d'accession à la culture, une zone d'échange citoyenne ouverte et vigilante. Le réseau d'Ouest-Lumière, réactivé symboliquement, serait peut-être ici un point infime de cette zone, un micropoint de jonction propre à favoriser le dialogue et la tolérance, un point parmi d'autres où l'on aurait aussi le droit de déraper. Ouest-Lumière, chargée « à bloc », transmettrait à ciel ouvert (bien que enfouie à l'abri) telle une caisse de résonance. Elle appliquerait dans ses transmissions plastiques une forme de pratique de la résistance.

À travers leur signalétique et leurs logos, les institutions culturelles se donnent à voir et s'adressent, en les interpellant, aux citoyens captifs des emblèmes. Par là même, quelque chose du sens de leur politique s'affiche, un ordre visuel manifestant leur horizon d'action. Designer et professeur, Ruedi Baur a développé bon nombre de programmes d'identité visuelle, et ce particulièrement en France (Villa Arson, Fondation Cartier, Compagnie Bagouet, Centre culturel Tjibaou, Centre Georges-Pompidou, etc.). Fort de cette expérience, il apparaît comme un témoin privilégié des représentations que les acteurs culturels publics se font de leur mission. En tant qu'artisan interprète de ces visions, il est invité ici à nous brosser un état des lieux des commandes publiques en la matière. Une tendance contemporaine se dessine : la conversion de l'institution publique aux stratégies de séduction des industries et du management. Une question se pose : cette tendance rend-elle compte d'une conception de l'action publique inédite ?

Ruedi Baur

Brands ou « images publiques coordonnées »

Contribution, octobre 2004.

Il est des mots qui, à eux seuls, paraissent réinventer des concepts pourtant fort anciens. Si le potentiel de ce que l'on nommait précédemment la « *corporate identity* » et sa visualisation, le « *corporate design* », s'est vu souvent fortement sous-estimé par les chefs d'entreprise et leurs conseillers en communication, la notion très similaire de « *brand* », développée dans les années 1990 par les économistes anglo-saxons dans le contexte de l'analyse de la globalisation, s'est au contraire très rapidement imposée comme une efficace stratégie de management. Si, dans les deux cas, il s'agit, notamment par le travail de cohésion visuelle, d'influer sur le potentiel d'identification d'une marque, la compréhension de la puissance de cette image par les dirigeants a permis d'aborder différemment un certain nombre de situations nouvelles dans le contexte de la mondialisation du marché. Elle a notamment permis de déconstruire totalement le lien historique entre la production et la labellisation. Dans une culture du *brand*, la marque ne doit pas elle-même produire, elle détient le capital image, elle développe, voire choisit l'objet labellisé. Elle le fera fabriquer par une usine anonyme située généralement dans des pays à main-d'œuvre sous-payée. Outre cet aspect économique lié à la production, la culture du *brand* s'impose également par rapport aux stratégies de vente pour devenir une sorte de langage visuel obligatoire. Le produit diffusé sur l'ensemble de la planète doit s'imposer par rapport aux marchés locaux. Il doit faire disparaître des coutumes parfois ancestrales, détruire des habitudes et des valeurs essentielles de certaines cultures. Pour ce faire, et dans un marché où les différences qualitatives entre concurrents se réduisent, où le nécessaire a été acquis et où l'on doit à présent imposer le superflu, la valorisation d'un produit unique, voire d'une collection, ne peut suffire. Il s'agit d'imposer des modèles de vie, d'associer le produit au traitement d'une situation, d'effacer les singularités à la fois géographiques, culturelles et sociales. Avant même de s'affronter entre labels internationaux, il s'agit donc, grâce aux stratégies de marketing, de créer ce consommateur « désingularisé ». Les marques globales ne se contentent plus de vendre des séries de produits spécifiques, mais également un ensemble d'accessoires et un service complet en relation avec le sujet. Elles proposent en quelque sorte un modèle de comportement par rapport à différentes situations de vie (voyage, beauté, nutrition du bébé, vacances, etc.). Cette stratégie permet clairement de ringardiser toute production locale concurrentielle, mais également tout comportement non-modélisé par les stratèges du marketing. Si la publicité doit nous faire acheter le produit que nous ne désirions pas obligatoirement, le *brand* doit nous persuader d'avoir fait le bon choix et de le renouveler sans hésiter à l'avenir. Il doit montrer la correspondance entre ce monde construit autour du brand et notre propre idéal. Il nous demande de nous fondre en lui, de le glorifier, de s'identifier à lui. Le *brand* et ses déclinaisons nous accompagneront partout dans notre quotidien. Ils s'imposeront, séduiront, nous représenteront, et très clairement détruiront notre restant de personnalité. Ce mimétisme par rapport à l'image idéalisée construite par la marque est actuellement si extrême que, les préférant aux saints devenus illisibles, certains consommateurs fragiles n'hésitent pas à baptiser leurs enfants Dior, Kodak ou Armani.

À première vue on pourrait penser que ces *brands* et les stratégies de communication et de design qui les accompagnent constituent des outils de différenciation de ces grandes marques internationales. Avec un peu de distance nous constatons que l'on se trouve au contraire dans une période similaire à celle de la fin du Moyen Âge, à ce XIIIe siècle où se mit en place un ordre visuel imposé à toute l'Europe : l'héraldique. Un moyen certes, dans un premier temps, de différencier les chevaliers sur le champ de bataille, et plus tard les familles dominantes, mais avant tout un langage visuel excessivement strict qui permettait de reconnaître une puissance en présence. Dans les deux cas, l'historique et le contemporain, l'appartenance au système visuel labellise plus qu'il ne différencie. Le design unifie avant de particulariser, il crédibilise le produit ou plutôt discrédite par sa présence ces produits locaux non labellisés, comme étaient discréditées les familles ne possédant pas de blason. Et le peuple « consommateur de base » de choisir la marque à laquelle il souhaite s'identifier comme on s'identifiait à une famille féodale dominant un territoire. Vous êtes Coca, Afro ou Pepsi, Nike, Reebok ou Adidas ? La question déjà suggère le fait que vous ne pouvez pas ne rien être si vous voulez participer de la société. Le *branding* n'est donc rien d'autre que la représentation visuelle des nouveaux pouvoirs internationaux. La seule différence peut-être par rapport à l'époque féodale est que, pour l'instant, l'exclusive ne s'est pas encore vraiment imposée et que, bien que marquant les territoires de leurs signes, les entreprises ne parviennent pas encore totalement à les maîtriser sous labellisation. Pourtant, les efforts de privatisation de parties de ville ou de villes entières, comme l'ambitionne par exemple Disney, montrent que la tentation existe. Le retour au féodalisme par un *brand* englobant vie et territoire et protégeant totalement le consommateur l'ayant choisi sera ainsi accompli.

Cette longue introduction à la marge de notre sujet me semble nécessaire pour comprendre l'environnement sémantique dominant dans lequel agissent les signes non commerciaux et pour appréhender les formes de la commande publique de ceux-ci. Qu'ils représentent des institutions publiques nationales ou locales, des institutions culturelles, des territoires, des lieux, ou encore des activités permanentes ou temporaires produites ou soutenues par les pouvoirs publics, qu'ils identifient, orientent, avertissent, régulent, attirent ou informent, ces signes et langages visuels devront fonctionner dans un environnement visuel fortement dominé par les stratégies de séduction en vue de la consommation. Comme on le sait, cette suprématie absolue du mercantile sur l'ensemble des autres aspects de la vie fragilise de manière inquiétante les valeurs démocratiques. Sursollicité, sur la défensive par rapport aux stratagèmes de plus en plus pervers du marketing, lassé, souvent désintéressé pour mieux se préserver, ou au contraire jouant pleinement le jeu pour ne pas devoir s'y opposer, le citoyen aura du mal à croire en la sincérité de toute forme de communication visuelle, même non commerciale. Dans un enchevêtrement de plus en plus complexe entre privé et public, il ne parvient jamais vraiment à discerner les différents desseins des messages qui lui sont transmis. Séduit par les mises en scène des pouvoirs commerciaux supranationaux, il délaissera ceux qui sont chargés de le représenter. Il ne croit plus en la sincérité de ceux qui lui offrent simplement un service, l'informent, l'orientent, voire qui essaient de l'aider, de lui donner de bons conseils. Incroyable pervertissement sémantique dont les effets se voient, bien entendu, renforcés par l'instabilité sociale et la désorientation par rapport aux technologies nouvelles d'une tranche importante de la population.

Alors que le politique était ce pouvoir lointain mis en scène dans une capitale inaccessible, il représente aujourd'hui, par un retournement des symboliques, le local, le banalement réel, voire le passé. Au contraire, les marques venant d'un véritable ailleurs font rêver, elles représentent agréablement ces pouvoirs internationaux non localisables et cet ailleurs dangereusement mythique. En partant de cette inversion irréversible, les pouvoirs publics et l'ensemble des institutions non commerciales qui s'y rattachent doivent, de manière urgente, et sous peine de se voir totalement ringardisés, gérer la scénographie d'un ici contemporain spécifique, moderne et qualitatif. L'analyse de la commande publique montre pourtant que la conscience de ce nouveau rôle qui incombe aux pouvoirs publics est loin d'être installée. Au contraire, mimétisme et totale soumission aux dominances visuelles des *brands* et autres iconographies internationales prévalent. Plus particulièrement, et en partant de l'analyse des commandes faites aux designers, il est possible de constater quatre types d'attitude par rapport à ces questions de l'image et de la mise en scène de ce pouvoir représentatif symboliquement local, mais aussi par exemple de ces institutions culturelles irrémédiablement rattachées à un ici, même si elles présentent la création internationale.

La première attitude, malheureusement assez fréquente, notamment en France, joue de la nostalgie d'un pouvoir qui n'est plus. Elle est généralement due à une non-perception ou non-acceptation des transformations profondes en cours depuis des décennies. Cette attitude, par exemple, ne prend pas en compte les fascinations et désintérêts du citoyen ni l'évolution par rapport à la perception visuelle. Elle consiste à nier la réalité en poursuivant une politique de l'image comme si de rien n'était : ridicule et ringardise garantis. Il n'est pas nécessaire de s'y étendre, car généralement à cette approche correspond également une attitude passéiste, voire dépassée, de par les contenus.
La deuxième attitude nie le pouvoir de l'image et estime qu'il suffit

de passer à la télévision pour rendre crédibles et fascinantes les réalités démocratiques. Ce média, on le sait, constitue l'un des principaux instruments d'effacement des particularités de la pensée. Toute information, tout propos digne d'intérêt disparaît dans le flux de l'animation largement dominé par une esthétique, un langage et une idéologie publicitaires. Le jeu de la surreprésentation des pouvoirs publics par rapport aux réels faits démocratiques donne un triste spectacle de cette réalité. S'y expose une mise en scène pénible, qui ni ne fascine ni ne permet la différenciation par rapport au discours dominant rattaché à la question de la consommation des produits mondiaux. La croyance démesurée en ce média, développée généralement en parallèle à une sous-estimation de l'importance d'un véritable travail sur la visibilité de la dimension publique à même le territoire, renforce le déséquilibre entre la modernité développée par l'ailleurs lié à la consommation et un ici visuellement discrédité. Cette capacité du capitalisme à discréditer par l'image des pouvoirs publics reste encore totalement sous-estimée. Pourtant, la chute du mur de Berlin et l'écroulement du communisme devraient permettre une lecture claire de la force de l'image. Rappelons-nous les mises en scène culturelles, architecturales et publicitaires de villes comme Berlin ouest ou Hong Kong; elles étaient conçues pour que ces villes deviennent des objets de désir pour des populations vivant dans la griserie de sociétés dénuées de signes où toute forme d'esthétisation était considérée comme inutile et bourgeoise.

La troisième attitude, malheureusement la plus répandue, consiste à accepter consciemment ou inconsciemment la soumission totale, voire la disparition de tout ce qui n'a pas trait au langage visuel lié à la consommation. Il s'agit dans ce cas de nier, lors de la commande, la différence entre la communication publique et les stratégies de marketing à but lucratif et de fonctionner en mimétisme par rapport au langage visuel et aux stratégies des *brands* ayant le plus de succès. Cette négation de la différence entre consommateurs et citoyens émane principalement des responsables et conseillers en communication de ces institutions. Formés dans les mêmes écoles que leurs équivalents des grandes entreprises, lisant les mêmes revues, développant la même culture de la séduction-persuasion, ils ne peuvent que développer des stratégies équivalentes. Quel est le problème? Il est multiple. Tout d'abord il suffit de comparer les budgets pour s'apercevoir que les institutions publiques, et même l'État, ne pourront accompagner les citoyens dans leur quotidien comme peuvent le faire les *brands* internationaux. Le premier risque est donc celui de la disparition parmi ces équivalents par manque de visibilité. Ensuite, si un *brand* est un tout excessivement unitaire pouvant se permettre d'effacer toute différence, mais aussi d'évoluer selon la mode et les goûts du moment, l'institution, l'espace et l'action publique ne pourront jamais concurrencer le privé sur ce domaine. Tenter cela risque de détruire des éléments fondamentaux de ce qui justement constitue la richesse et même justifie cet espace public, voire la démocratie dans son ensemble. De plus, on peut s'interroger sur la compatibilité de cette approche marketing intervenant *a priori* sur l'inconscient du récepteur, essayant de le séduire, parfois même contre son gré, par rapport à ce citoyen digne et responsable, fondement du bon fonctionnement et de la crédibilité d'une démocratie. Très ancien débat que celui qui consiste à savoir quels sont les justes moyens pour convaincre un citoyen pour une cause démocratique: jusqu'à quel point nous situons-nous dans le domaine de l'information, et quand débute l'acte antidémocratique et violent de la persuasion inconsciente?

Plus généralement, il est possible d'expliquer le choix de cette attitude, aujourd'hui malheureusement prédominante, par la fascination de l'efficacité à court terme du marketing et de la publicité. Une dangereuse inconscience règne par rapport aux conséquences à moyen terme de ce non-respect des citoyens. Pourtant, le désintérêt pour la chose publique d'une majorité d'entre eux peut très bien s'expliquer par la manière avec laquelle on s'adresse à eux. Cette inconscience du monde politique par rapport à l'image à plus long terme que donne l'utilisation de ce langage visuel similaire à celui que tous décodent comme bassement manipulateur est affligeante. Comment me parle-t-on, me respecte-t-on, lorsqu'on s'adresse à moi ? Cette inconscience des uns se trouve renforcée par les stratégies néolibérales dominantes qui, de manière plus ostentatoire, cherchent à détruire ou à réduire à une constance négligeable la chose publique, c'est-à-dire ce qui nous réunit sur d'autres bases que le commerce.

La quatrième approche essaie au contraire de valoriser l'espace public en utilisant une culture visuelle contemporaine spécifique au contexte de son usage et clairement démarquée de l'approche publicitaire. Seront ainsi favorisées les interventions *in situ*. La signalétique dans cette approche prend une valeur importante. Simultanément orientation, explication, mode d'emploi, elle valorise le lieu, notamment en le rendant lisible et utilisable. Ce langage visuel spécifique inscrit à même l'espace peut constituer un socle constant à un système d'identification. Celui-ci fonctionnera comme miroir représentatif pour tout ce qui concerne la communication interne comme externe. Une ville, un territoire, une institution culturelle ne sont justement pas réductibles à une simple marque. Ce sont des lieux et des activités pratiqués par des êtres se voulant différents et acceptant cependant de partager ces mêmes territoires et leurs règles. La diversité, voire le caractère hétéroclite, est leur richesse. Le modèle dominant de l'unité simplificatrice autour d'un brand, reproduit à l'identique et inlassablement répété, ne peut constituer qu'un appauvrissement de ces structures. Il s'agit donc plutôt de mettre au point des systèmes visuels susceptibles d'intégrer l'ensemble de ces différences, de permettre le nouveau, l'étonnant, tout en restant reconnaissables. Ce type d'approche, on le voit, diverge fondamentalement de la culture monolithique du *brand*. Il nécessite une culture de l'usage qui n'a pas encore cours. Celle-ci relèvera plus d'une sorte d'urbanisme des signes, ou de ce que les Italiens appellent « *imagine coordinate* », que de stratégies post-féodales des *brands*.

Maurice Fleuret, auteur compositeur de la fête de la Musique / Danse sous tutelle / L'obligation de la fête / « Mesdames et messieurs... » / La mer et les vagues

geste

L'emblème de la fête est celui de la contrainte partagée. Ces quelques notes témoignent de cette transaction permanente du ministre de la Culture avec ses collègues et les services en charge de la sécurité publique. C'est aussi le lieu de la commande interne qui démultiplie les lieux de transaction. Autant de signes et de traces à verser au compte du paradoxe suivant : s'il est simple de brandir les emblèmes dans l'ordre du discours, rien de plus difficile que de les déployer dans un espace public qui ne peut se confondre avec l'espace du pouvoir. La volonté de construire un parc de Zéniths en France correspond certes à un réel besoin de déployer les formes contemporaines de la création musicale, mais peut aussi être lue comme une des façons de résoudre cette difficulté à maîtriser l'espace public ouvert.

Ministère de la Culture

3, rue de Valois, 75042 Paris Cedex 01 - Téléphone : 296-10-40

10 janvier 1984

NOTE A MONSIEUR LE PRESIDENT DE LA REPUBLIQUE

OBJET : Inauguration du "ZENITH" au Parc de La Villette .

La manifestation sera organisée autour de 3 thèmes :

- l'architecture de cet équipement
- les artistes de variété
- le public des jeunes

Pour des raisons de temps et de sécurité, le nombre des participants a été limité à 500 environ .

Après la présentation de la salle par Maurice Fleuret, un groupe de jeunes rockers d'une douzaine d'années, originaires d'Issoudun, vous rendra hommage en interprétant un court morceau.

Puis Jacques Higelin et Charles Trenet improviseront quelques chansons. C'est la première fois qu'ils se retrouveront réunis au même instant. Ce sera un petit évènement qui marquera l'accord de deux générations différentes de chanteurs autour de cette nouvelle salle. Comme vous le savez, Jacques Higelin est extrêmement populaire auprès des jeunes.

Nathalie Duhamel doit vous proposer que quelques journalistes vous interrogent à la suite de votre visite. Vous pourriez ainsi faire part de votre sentiment et annoncer la construction de dix autres "Zenith" en France .

Jack LANG

P.J.-

MINISTERE DE LA CULTURE

Le Ministre

3, rue de Valois, 75042 Paris Cedex 01
Tél. : 296-10-40

le 28 juin 1984

NOTE A MONSIEUR LE PRESIDENT DE LA REPUBLIQUE

OBJET : Fête de la Musique

Cette année, ce fut triomphal : plus de 6 millions de participants à travers le pays.

Après le succès de cette année, la Fête de la Musique est devenue une institution définitivement ancrée dans la tradition nationale.

Jack LANG

Ministère de la Culture

3, rue de Valois, 75042 Paris Cedex 01 - Téléphone : 296-10-40

Le Ministre

le 17 avril 1985

NOTE A MONSIEUR LE PRESIDENT DE LA REPUBLIQUE

OBJET : "Fête de la Concorde"

Laurent FABIUS m'avait demandé de réfléchir à l'organisation d'une grande fête populaire pour les jeunes.

Elle permettrait de rassembler autour de nous plusieurs centaines de milliers de personnes.

L'événement pourrait avoir lieu à la fin du mois d'août prochain.

En préfiguration, j'ai proposé qu'une "Fête de la Concorde" soit organisée, place de la Concorde, le 15 juin prochain, sous l'égide de "SOS RACISME".

Jack LANG

Ministère de la Culture

3, rue de Valois, 75042 Paris Cedex 01 - Téléphone : 296-10-40

Le Ministre

Paris, le 17 juin 1985

NOTE A MONSIEUR LE PRESIDENT DE LA REPUBLIQUE

OBJET : Fête de la Concorde

Admirablement organisée par Christian Dupavillon et SOS Racisme, la fête de la Concorde fut un prodigieux succès. Elle nous permettra d'aller encore plus loin en septembre pour assurer autour de nous le rassemblement des jeunes et les faire voter à gauche en 1986.

Jack LANG

JACK LANG

Paris, le 15 juin 1992

NOTE à l'attention
de Monsieur le Président de la République

OBJET : Fête de la Musique.

Le Préfet de Police est donc devenu le vrai maître des activités artistiques à Paris.

Les lieux autorisés pour la Fête de la Musique disparaissent les uns après les autres, année après année.

Après la place de la Concorde qui nous est définitivement refusée, voici que la place de la Trocadéro est interdite.

Conséquence navrante : TF1 qui avait prévu d'organiser un événement qui se désiste. C'est franchement décourageant.

Ce n'est pas le Préfet de Police qui nous fera gagner les élections. Ce sont plutôt les artistes et les jeunes.

Il est anormal que sous notre Gouvernement la liberté artistique puisse ainsi reculer en raison des censures du ministère de l'intérieur.

Jack Lang

Jack LANG

Au firmament d'une opération qui a fait beaucoup de bruit, Jack Lang trône comme grand chef d'orchestre. À l'aune de cette approximation historique, quelques analyses se sont risquées à une opposition devenue classique : un François Mitterrand incarnant le temps de l'institution – notamment mis en spectacle dans les opérations des grands travaux – et un Jack Lang agitateur des corps et des esprits à travers le temps de l'événement – notamment mis en spectacle dans la fête de la Musique. Le cliché est sommaire, et la clarté des figures occulte, en arrière-champ, la part prépondérante d'acteurs centraux de la vie culturelle contemporaine. Alain Surrans, aujourd'hui directeur de l'opéra de Rennes, fut un très proche collaborateur de Maurice Fleuret, directeur de la musique au ministère de la Culture jusqu'en 1986. C'est au portrait de ce dernier que s'applique ici l'auteur, nous restituant la portée de sa vision quant à la politique de la musique dans son ensemble, et à la fête de la Musique en particulier, dont il fut le véritable initiateur. Le geste langien y perd peut-être en souveraineté, mais la geste de cette opération emblématique d'une politique culturelle revitalisée y gagne sans doute en signification.

Alain Surrans

Maurice Fleuret, auteur compositeur de la fête de la Musique

Contribution, octobre 2004.

En août 1978, le village de Monticello, au cœur de la Balagne, est agité d'une fièvre intense, pour le moins inhabituelle dans cet arrière-pays de Calvi où ne convergent d'ordinaire que les bergers des alentours et quelques randonneurs. C'est qu'on prépare ici un événement inédit, une suite ininterrompue de petits concerts disséminés dans tous les lieux possibles : l'église, la mairie, les places, mais aussi les maisons particulières, les caves, les impasses. Deux jours durant, Monticello sera un *Paese in musica,* un village saisi par les musiques les plus contrastées, anciennes ou modernes, savantes et populaires. L'idée en revient à un continental, Maurice Fleuret, qui, avec son ami Henry-Louis de La Grange, a créé à quelques kilomètres de là, dans l'ancien couvent dont ce dernier a fait sa demeure, les Nuits d'Alziprato, festival devenu l'une des manifestations les plus en vue de l'été insulaire.

Deux ans plus tard, Maurice Fleuret renouvelle l'expérience à Lille, au cours du festival dont Pierre Mauroy lui a confié en 1977 la direction artistique. Durant une journée entière, les concerts se succèdent, toutes les heures, dans différents lieux du vieux Lille : l'auditorium du conservatoire, le parvis de l'église Sainte-Catherine et la place du Concert, la Centrale des œuvres du diocèse, la belle salle des malades de l'hospice Comtesse, la maison de l'Habillement dans la rue d'Angleterre, un salon particulier de la rue Royale, tous investis par les musiciens de la ville et de la région, amateurs et professionnels. Le public, muni d'une grille-programme, est invité à se déplacer d'un lieu à l'autre, au gré de ses envies. Préfigurant la Folle journée de Nantes qui lui ressemble à s'y méprendre, le Concert-promenade lillois devait remporter un immense succès populaire et être reconduit durant près de dix ans. Dans les frimas de l'automne flamand comme dans la chaleur de l'été corse, l'idée de Maurice Fleuret avait fait mouche !

Encore deux années, et ce sera, le 21 juin 1982, l'explosion de la première fête de la Musique, démonstration à l'échelle du pays tout entier de cette envie partagée de musique dont le nouveau directeur de la musique et de la danse au ministère de la Culture est convaincu qu'elle est devenue l'un des phénomènes de société majeurs de l'époque. La genèse de la fête de la Musique a été maintes fois contée, mais elle vaut d'être rappelée de nouveau. C'est un rapport du département des études et recherches du ministère de la Culture qui, en avril cette année-là, vint mettre le feu aux poudres : on y découvrait qu'un Français sur dix pratiquait la musique et qu'un jeune sur deux possédait un instrument. Une vraie révélation, même pour Maurice Fleuret, convaincu depuis longtemps que la réputation de notre pays, jugé moins musicien que d'autres en Europe, devait être battue en brèche. Lors d'une réunion dans le bureau de Jack Lang, en compagnie de Christian Dupavillon, conseiller du ministre, Maurice Fleuret commente ces chiffres avec enthousiasme. Le ministre exulte : « Mais il faut rendre ce phénomène visible, audible, il faut le manifester ! » Christian Dupavillon saisit la balle au bond et propose une « démonstration », précédée d'un « appel au peuple » – les souvenirs du 10 mai 1981, de la liesse populaire sur la place de la Bastille, sont encore frais dans les mémoires. L'idée de la fête de la Musique est lancée. Il ne reste plus qu'à en écrire paroles… et musique.

Ce sera la tâche de Maurice Fleuret, de ses collaborateurs de la rue

Saint-Dominique et des Directions régionales des affaires culturelles. Une société de communication a bien été chargée de faire passer le message, mais elle est vite débordée par l'organisation qu'a mise en place la Direction de la musique et de la danse, grâce à ses relais : délégués régionaux et départementaux, fédérations de pratique amateur, écoles de musique, festivals et orchestres, tous seront au rendez-vous, rejoints par les groupes de jazz, de rock, de musiques traditionnelles, qui apportent spontanément leurs voix au concert.

À Paris, la fête du 21 juin 1982 garde quelque chose de la « manif » qu'avait en tête le ministre, avec le cortège de musiciens, mené par Jacques Higelin, qui défile de République à Bastille. Dans le reste de la France, cette première édition de la fête de la Musique semble plutôt combiner la recette du *Paese in musica* et du Concert-promenade avec la tradition des grands rassemblements orphéoniques du XIXe siècle, eux-mêmes héritiers des fêtes révolutionnaires, tradition à laquelle les fédérations de musiciens amateurs sont toujours attachées (Maurice Fleuret s'en était lui-même inspiré en commandant à Luciano Berio, pour le Festival de Lille 1981, une œuvre écrite pour mille musiciens d'harmonie, *Accordo*).

À partir de l'année suivante, il s'y ajoutera encore une autre forme de rassemblement : celle du « modèle Woodstock », le grand podium sur lequel se succèdent, devant un public fervent, de grands artistes populaires venus de tous les horizons musicaux. Cette invasion du « commercial » sera critiquée, et elle l'est toujours, au nom d'une prétendue « pureté » de la fête de la Musique. De telles critiques ne pouvaient émouvoir Maurice Fleuret. Il est mort en mars 1990, quelques semaines avant la neuvième édition de la fête, certain d'avoir vu prendre corps, avec ce rendez-vous définitivement inscrit dans tous les calendriers (bien au-delà des frontières de la France), la plus belle de ses utopies : celle d'une société dans laquelle l'art des sons n'a rien d'un ornement, mais apporte au contraire à l'individu une force vitale qui s'affirme et se vit comme une force partagée, collective. Dans l'esprit de ce visionnaire, la musique était bien plus puissante que tous les phénomènes de consommation de masse qu'elle peut engendrer. Il ne se trompait pas.

Il est triste de songer qu'il n'aura pas vécu les dix dernières années du siècle, qui lui ont donné pleinement raison ; triste de songer qu'il n'aura pas connu l'essor du raï, celui du rap, de la techno, mouvements nés de pratiques musicales ancrées dans des pratiques sociales et qui sont comme autant d'antidotes naturels à la consommation massive de produits standardisés.

Longtemps journaliste au *Nouvel Observateur* en même temps que directeur de festivals, Maurice Fleuret avait assisté et activement participé à la déferlante des années 1970. Ami proche d'Iannis Xenakis, il avait été un défenseur de la musique contemporaine la plus exigeante, mais aussi du renouveau de la musique sur instruments anciens et de la *folk music* dont on a oublié aujourd'hui les sarcasmes qu'elle suscita à l'époque. Conscient que l'histoire sans cesse se répète, il savait comparer la vague de fond qui se manifestait alors par la multiplication des festivals à celle qui, au XIXe siècle, avait provoqué la création dans toute la France d'orchestres populaires contraints, faute de mieux, à investir les salles de bal, les cirques et les kiosques.

Cette idée-force que la musique « pond ses œufs » partout, à toutes les époques, était son credo. Il était persuadé, comme Luciano Berio, de la relation profonde entre les créateurs contemporains et la créativité spontanée qui peut se faire jour dans les pratiques amateurs – quel plaisir aurait été le sien de voir les musiciens techno reconnaître aujourd'hui pour « grand-père » son ami Pierre Henry ! Il était tout aussi convaincu de la similitude profonde entre l'énergie existentielle qui pousse un adolescent à s'identifier aux artistes populaires qu'il admire et celle qui le conduit à pratiquer lui-même la

musique. Il savait que la fête de la Musique, comme la musique elle-même, ne pourrait jamais être « récupérée ».
De là venait sans doute son indifférence aux critiques que suscitait et que suscite encore cette joyeuse célébration du 21 juin. S'il en avait été l'inspirateur, le premier maître d'ouvrage, il ne s'en considérait pas comme l'inventeur. À ses yeux, personne d'autre que les musiciens eux-mêmes n'avait écrit la partition de la fête de la Musique. Personne d'autre ne l'écrirait à l'avenir.

Ces quelques lignes sont dédiées à la mémoire de Nathalie Jabbour, Gilles Lefebvre, Guilhem Tournier et Jean-Philippe Drecq, membres de l'équipe qui, avec Maurice Fleuret, mit en œuvre à la Direction de la musique et de la danse les premières éditions de la fête de la Musique.

La fête, utopie du corps primaire – subjectif et social – retrouvé. Sur les places publiques de France et de Navarre, la fête de la Musique allait subvertir l'ordre des choses, faire résonner les espaces jusqu'à ce que les murs tombent, faisant se découvrir la communauté des citoyens libérés dans l'expression de leur appétit de culture. Du corps dansant jusqu'au bout de la nuit la plus longue au corps en lumière de la société révélée, il n'y aurait qu'un pas. C'est en vue d'élucider les tenants et les aboutissants de ce cliché qu'est sollicité ici Jean-Marc Adolphe, observateur aigu de la création chorégraphique contemporaine depuis le début des années 1980, conseiller artistique et rédacteur en chef de la revue Mouvement. *Prenant à bras-le-corps l'énigme, il s'efforce dans ce texte de cerner comment une certaine utopie de l'émancipation des corps, que véhicule la danse contemporaine à partir de l'écho de Mai 68, devient insidieusement la vitrine d'une « créativité » politique qui célèbre ainsi sa propre représentation.*

Jean-Marc Adolphe

Danse sous tutelle

Contribution, octobre 2004.

La « reconnaissance » d'un art est-elle ce qui ouvre nécessairement la voie de son instrumentalisation par le politique ? Peut-être issue de « l'événement de corps » de Mai 68, l'effervescence de la danse contemporaine dans les années 1980 a vite été jugée à la seule aune de son rendement spectaculaire.

« Plus nos images seront belles,
plus elles rendront belle la réalité. »
Wim Wenders

Que s'est-il passé en Mai 68 ? Derrière les « événements » et les barricades, derrière le hoquet du pouvoir gaulliste et la flambée des drapeaux rouges – soit autant de clichés qui forment la légende et constituent l'histoire –, chercher le grain de l'image, la politique intime de ce qui a eu lieu. Supposer qu'il y a eu là, sinon rupture, du moins glissement de terrain, bascule de monde, prise de corps. Daniel Dobbels, aujourd'hui chorégraphe et écrivain, se souvient, dans ce qui précédait Mai 68, d'une sensation d'étouffement, d'asphyxie, ressentie comme fait isolé, pour soi ; et Mai 68, dit-il, aura d'abord été la découverte que cet étouffement était partagé, commun à beaucoup. Communauté inavouable, telle que l'évoque

Maurice Blanchot [1]: « Mai 68 a montré que, sans projet, sans conjuration, pouvait, dans la soudaineté d'une rencontre heureuse, comme une fête qui bouleversait les formes sociales admises ou espérées, s'affirmer (s'affirmer par-delà les formes usuelles de l'affirmation) la communication explosive, l'ouverture qui permettait à chacun, sans distinction de classe, d'âge, de sexe ou de culture, de frayer avec le premier venu, comme avec un être déjà aimé, précisément parce qu'il était le familier-inconnu. »

Et le corps traverse l'histoire. Enseveli, surgi d'on ne sait où, enfanté, venu au monde. En 1968, légère coïncidence de dates, a lieu à Bagnolet la toute première édition du « Ballet pour demain », concours chorégraphique où se mêlent indistinctement, au début, professionnels et amateurs, et d'où vont émerger, au fil des ans, la plupart des chorégraphes (Maguy Marin, Jean-Claude Gallotta, Dominique Bagouet, Catherine Diverrès, Régine Chopinot, Philippe Decouflé, etc.) qui incarneront, tout au long des années 1980 « l'éclosion » de la danse contemporaine en France. Se dire alors, même si l'idée ne tient pas sérieusement la route, que cette danse contemporaine propage mystérieusement un écho de la fièvre rebelle de Mai 68, rumeur de désobéissance à l'ordre établi. « Reconstruire le réel pour le rendre conforme au désir », lance ainsi Jean-Claude Gallotta. Promesse d'émancipation des corps, de « répartition démocratique du mouvement dans le corps tout entier », ainsi que le formulait Trisha Brown, figure de proue d'une « *post-modern dance* » qui a pris racine à New York en même temps que les mouvements de contestation de la guerre au Vietnam.

1. *Maurice Blanchot,* La Communauté inavouable, *éditions de Minuit, 1990.*

Il n'y avait pas en France, jusqu'en 1981, de « politique de la danse », hormis celle qui, sans être dite, consistait à fermer les yeux sur les avancées de la danse moderne et à reconduire, de corps de ballet en conservatoires, les seuls atours de la danse classique. La victoire de François Mitterrand à l'élection présidentielle de 1981 et l'arrivée de Jack Lang au ministère de la Culture vont incontestablement accélérer le processus de « reconnaissance » d'un art fondé sur l'imaginaire du mouvement plus que sur la virtuosité technique. Mieux, l'élan vitaliste qui se manifeste dans les discours de Jack Lang comme les signes projetés d'un renouvellement des formes de l'action politique ne peuvent que séduire des chorégraphes qui émergent alors d'un relatif anonymat. Le pouvoir socialiste n'a pas inventé la danse contemporaine, il lui a octroyé une visibilité largement accrue, que le mot effervescence va vite désigner.

Développement des centres chorégraphiques, encouragement à la création de festivals (Montpellier Danse, Biennale de Lyon, Châteauvallon…), scellent cet engouement institutionnel, que consacre notamment, en 1988, une « Année de la danse ». Revenu au ministère de la Culture cette même année 1988, Jack Lang donne, en février 1989, une conférence de presse qu'il intitule : « La danse, un mouvement irréversible ». « Pourquoi ne pas le dire, s'interroge le ministre, nous sommes à peine sortis d'une civilisation dont les valeurs, à la fois ascétiques et intellectuelles, ont longtemps privilégié les mots, les sons, au détriment du corps et du mouvement. » Pointant « l'émergence de la danse comme art majeur et autonome de notre culture contemporaine – à l'égal du théâtre, de la musique ou du cinéma – », Jack Lang annonce « des années d'épanouissement » venant « après une période d'accomplissement ».
La réalité n'est peut-être pas si glorieuse. Les aides accordées à la danse contemporaine restent très largement inférieures aux moyens

dont disposent les grandes compagnies de ballet. « La soirée de gala-lancement de l'Année de la danse *[le 25 janvier 1988]* est en soi symbolique, note Annie Bozzini dans un éditorial de la revue *Pour la danse*; afficher au cours d'un même programme les vieilles branches institutionnelles, Ballet de l'opéra de Paris, Ballet Théâtre français de Nancy, Ballet national de Marseille, Lyon Opéra Ballet, aux côtés, tout de même, de Maguy Marin et de Dominique Bagouet, marque bien le fossé qui peut séparer les bonnes intentions de l'action. S'il y a Année de la danse aujourd'hui, c'est parce qu'en dix ans le paysage chorégraphique s'est radicalement modifié; alors, pourquoi construire un programme vieux de quinze ans qui, médiatisé grâce au concours de France 3 et de la Sept, laisse perdurer une image fausse du corps dans la danse actuelle? » Quelques mois plus tard, toujours sous la plume d'Annie Bozzini, *Pour la danse* se réjouit de la réélection de François Mitterrand, dont « le succès est essentiel pour les artistes car, au-delà des options politiques, il remet à l'honneur les valeurs de subtilité et de maturité qui ont fait défaut à ses adversaires ». « La danse, lourde de son passé académique, doit sans cesse s'écarter des évidences émollientes, des formes fixées, sous peine d'abandonner tout espoir d'évolution, poursuit l'éditorialiste. L'invention n'est pas nécessairement ce qui frappe le regard; la danse d'aujourd'hui se lit surtout dans les nuances, les détails, l'à peine visible, le non-événement... » Reconnaître cette discrétion de l'invention, peut-être est-ce là trop demander à un pouvoir politique, fût-il de gauche?... En septembre 1988, un nouvel éditorial d'Annie Bozzini dans le même journal déplore: « On continue l'institutionnalisation à outrance pour mieux tourner en rond avec la bénédiction d'un ministre de gauche dont on attend autre chose! » C'est que, bon an, mal an, la danse contemporaine est devenue la vitrine d'une sorte de créativité d'État. Elle « est devenue l'un des éléments constitutifs du rayonnement de la France à l'étranger », note Jack Lang dans son discours du 20 février 1989. Symbole, apothéose et apogée de cette surexposition, la spectaculaire mise en scène par Philippe Decouflé de la cérémonie d'ouverture des Jeux olympiques d'Albertville en 1992 – avec le président Mitterrand faisant la « ola » – condense de façon extraordinaire cette métamorphose du geste inventif devenu parade d'invention.

Mais, alors, la reconnaissance de la danse contemporaine sera bien vite jugée à la seule aune de son rendement spectaculaire. Ou, en termes techniquement ministériels, de la diffusion comme critère déterminant de l'attribution d'une valeur esthétique subventionnable. Sans que cela, évidemment, ne soit jamais ouvertement dit comme tel. Il n'empêche. Telle est l'injonction. En 1987, dans un texte édité à Montréal, Daniel Dobbels désignait déjà ce passage du « politique inaperçu »: « La danse a été reconduite au théâtre, renvoyée aux lois classiques de la représentation. L'espace a, une nouvelle fois, été amputé de ses espacements incertains où des danses peuvent s'inventer sans provenance et même sans convenance. Le politique (et la scène politique) use de nouveau les corps, use et abuse d'eux. L'usure d'un geste n'est plus propre à celui-ci: à son temps, à son intensité, à son placer. Elle appartient aux doublures politiques et institutionnelles. Le vol ou le rapt s'inscrit encore dans cette filière spectaculaire qui a toujours raison des silences du corps. Rien ne doit rester dans le vague… [...] Ce qui se perd ainsi, c'est la chance de penser ce que serait réellement la liberté de mouvement. Soit l'objet même de la danse contemporaine, le seul peut-être; cela même qu'il lui revient de sans cesse découvrir et d'ouvrir sous ses pas [2]. »

2. Daniel Dobbels, « Le politique inaperçu », in La Danse au défi, *éditions Parachute, Montréal, 1987.*

Cette instrumentalisation de la danse, on en trouve trace dans l'histoire du plus emblématique des festivals de l'après-1981, à Montpellier. Si l'on doit au maire socialiste de cette ville, Georges Frêche, d'avoir souhaité très tôt l'implantation d'un centre chorégraphique, dirigé par Dominique Bagouet jusqu'à sa mort en 1993, on lui doit également d'avoir été l'un des premiers élus locaux à formuler sans ambiguïté, lors d'un colloque sur la danse et les collectivités territoriales, en 1986, que l'investissement culturel d'une ville avait pour vocation, loin de l'amour de l'art, à en soigner l'image de marque et à favoriser un contexte socio-économique propice à l'implantation de nouvelles entreprises. « La vocation de Montpellier, technopole de l'an 2000, ne peut s'accomplir sans la prise en compte de la dimension culturelle », disait-il en juillet 1987 dans un entretien à *L'Événement du jeudi* : « L'avenir, c'est la synergie absolue entre l'idée même de technopole et celle de qualité de la vie, notamment culturelle. » Cette même année 1987, où Dominique Bagouet créait avec Boltanski, à Montpellier Danse, *Le Saut de l'ange*, Georges Frêche écrivait dans l'éditorial du programme du festival : « Depuis que, livrée à la danse, Montpellier a appris à vivre autrement l'espace, et d'abord son espace, la présence des créateurs est devenue ici non plus un plaisir, mais une singulière nécessité. Une ville tournée résolument vers le futur fait plus que se réjouir d'un art lui aussi en perpétuel devenir. Elle s'y nourrit. Montpellier Danse est donc l'indispensable festin que réclament des appétits toujours plus insatiables. On y vient plein d'ardeur, de curiosité, de fièvre. Vingt jours durant, ce n'est plus la danse qui s'installe chez nous. C'est nous qui campons chez elle. »

Au début de son règne, Louis XVI dansait en Apollon devant ses sujets. Le Roi-Soleil brillait de tous ses feux, et lorsqu'il se retira de scène, laissant la place à sa doublure, le danseur-étoile, pour rejoindre Versailles nouvellement construit, Louis XIV laissa derrière lui une Académie royale de danse, qui contrôla durablement toute liberté de mouvement. L'événement de corps qu'est la danse est-il forcément l'objet d'une instrumentalisation par le pouvoir politique ? Peut-être pas... Les « appétits toujours plus insatiables » qu'évoquait le maire de Montpellier ont peut-être envie, aujourd'hui, d'autres festins. Et l'heure n'est plus au culte du mouvement mais à celui de la mobilité. Il y faut des événements fugaces, mais qui se voient ; qui n'aient plus besoin de campements consacrés, mais qui soient diffus. « J'ai la conviction que la rue s'imposera comme l'espace privilégié de l'expression artistique, dans la ville du XXIe siècle », écrivait ainsi Bertrand Delanoë dans son programme pour l'élection municipale parisienne de 2001. Mai 68 n'a pas eu lieu. La chorégraphie spontanée qui s'y est déroulée n'était qu'une expression artistique, juste un peu en avance sur son époque. Mais l'histoire inventera d'autres façons de danser, sans que cela soit vu, au début. Nous ne pourrons pas continuer très longtemps dans la voie du désenchantement (Serge Daney).

Quel est le goût laissé par la fête, le lendemain, une fois les vapeurs d'alcool dissipées ? Au réveil, que comprend-on de l'injonction à « s'éclater », credo contemporain repris à l'envi comme en écho aux incantations assénées hier par l'État culturel, chef d'orchestre de fêtes manifestes ? Henri-Pierre Jeudy, sociologue et professeur d'esthétique, descend dans la rue afin d'éprouver l'expérience festive contemporaine. Manifestement, nous rapporte-t-il, une pratique culturelle majeure s'est affirmée durant ces deux dernières décennies. Mais, derrière la fête, quel projet ? La célébration de la vie retrouvée, conjuration de l'ombre épaisse qui, hier, étouffait l'élan culturel ? Opération de légitimation d'une politique culturelle prouvant, par la communion organisée, sa vertu sociale ? Car la fête est démonstrative. Alors, au-delà de l'alibi culturel qu'elle se donne, elle s'analyse comme forme culturelle contemporaine en soi. Tel est, en ce lendemain, le projet d'Henri-Pierre Jeudy.

Henri-Pierre Jeudy

L'obligation de la fête

Contribution, septembre 2004.

Quatre heures du matin. Retour d'une fête. Dernier verre avant de se coucher. Dernière cigarette aussi. Pour demain, les grandes décisions. Toujours les mêmes : cesser de boire et de fumer, se mettre au régime, dormir, lire, se retirer du monde. Reporter à plus tard, beaucoup plus tard, les prochaines fêtes, celles qui sont pourtant déjà prévues. Échapper à la béate satisfaction de recommencer en croyant fuir l'ennui. Pourquoi se persuader que le bonheur est dans la fête ? Il est vrai que l'aristocratie d'antan savait jouir de la dépense somptuaire parce qu'elle avait de l'argent et qu'elle n'avait rien à faire. L'inutilité de la fête devait en faire tout son charme. Les héritiers fortunés ne songeaient qu'à préparer les réjouissances, ils avaient des serviteurs pour réaliser leurs desseins et combler leurs désirs. Les fêtes pouvaient être grandioses, leur magnificence était à l'image des plus puissants qui savaient tirer parti des spectacles qu'ils offraient. Gratuité, don ostensible, suprématie de la richesse. Et les pique-assiettes eux-mêmes y trouvaient leur compte.

Chasser l'angoisse en s'éclatant. S'éclater : perdre le sens de la mesure, s'oublier soi-même, vivre sans contrainte, désirer sans entrave... La fête, la démesure. Plutôt conventionnelle, cette outrance exhibée comme un fruit trop mûr. L'argument traditionnel : il faut faire la fête pour vivre en commun, pour apprécier les délices et les horreurs de la communauté. Si la vie n'a pas de sens, la fête lui en donne un depuis toujours. Autrefois, il y avait le sacrifice et une cohorte de rituels, les ethnologues n'ont pas manqué de construire leur science sur les fondements de cérémonies festives. Et les ducasses du Moyen Âge, les faridons et les javas… Tout concorde désormais : la fête est une pratique culturelle essentielle à la survie des sociétés ; elle assure une fonction thérapeutique sempiternelle.

Avec l'expansion de la culture de masse, la fête est devenue une obligation. Les dates sont prévues, les réjouissances sont programmées longtemps à l'avance. À peine finie, une autre fête se prépare, et les prétextes ne manquent pas pour multiplier les réunions de famille, pour rassembler des amis, pour commémorer, célébrer une chose ou une autre. Ce rythme infernal semble de lui-même donner un sens à l'existence quotidienne, comme si les fêtes étaient prises pour des moments exceptionnels, des moments qui feraient oublier la répétition lassante des jours sans fête. Plus que jamais, la fête est une figure dominante du temps, elle est le signe obligé de notre liberté par rapport aux contraintes du travail. Elle scande le temps en nous offrant l'illusion d'une libre disposition de nous-mêmes.

Puisqu'il est nécessaire pour la santé mentale de l'individu d'être ensemble, la bienséance civique fait de la fête une contrainte morale. L'exhibitionnisme contemporain du plaisir obligatoire se traduit par le consentement mutuel à la production régulière, forcenée, des fêtes. La règle en est simple : plus le spectacle de la fête devient le miroir de la vie sociale et culturelle, plus les différentes formes de communauté sont destinées à s'épanouir. La flamme communautaire transcende les replis individualistes, exclut les rabat-joie. Car il faut toujours montrer, démontrer qu'on est en train de « faire la fête ». La représentation partagée du plaisir ressenti est plus essentielle que le moment des réjouissances. En attestent les milliards de photographies et de bandes vidéo qui servent à prouver que tout s'est si bien passé qu'il faut recommencer. Se convaincre du bonheur obtenu comme d'un devoir bien accompli est une raison sociale suffisante pour renouveler la mise en scène qui, elle, ne change guère.

Cette objectivation du sens social de la fête semble pourtant inverser l'instinct de vie qui la stimule en un accomplissement sournois de l'instinct de mort. La démonstration ostentatoire des plaisirs partagés en commun peut fort bien prendre une tournure mortifère. L'acharnement à se convaincre du bonheur de la fête, se fondant sur la réplication de rituels identiques, ne permet pas l'émergence de la différence. Nous confirmant que nous sommes tous pareils, la fête répond à un impératif œcuménique qui transforme la puissance de vie qu'elle met en œuvre en une lugubre compassion des uns pour les autres. Le sentimentalisme règne comme une consolation esthétique au rythme des sourires échangés pour exprimer la satisfaction d'être là, et d'y être ensemble.

Faut-il croire que, sans la fête, une société perdrait l'expression possible de sa cohésion ? Le rôle social et politique de la culture semble être objectivement défini par la fête. Le festival en est une figure prépondérante. Peu importe son objet, il apparaît nécessairement comme un moment d'exception durant lequel la jubilation collective doit être affichée comme une signature de sa réussite publique. C'est d'ailleurs pourquoi la maîtrise gestionnaire des festivités culturelles est devenue une affaire de visibilité. Le public est là pour consacrer les bienfaits d'une rationalité institutionnelle qui lui permet de se faire voir. Ce n'est plus la fête elle-même qui compte, c'est la justification implicite de son rôle social qui en fait l'objet d'un savoir commun.

La conceptualisation des fonctions sociales et culturelles de la fête est l'affaire de tous. Chacun sait qu'en nous rendant à la fête nous accomplissons ensemble des rituels. Et ce savoir semble curieusement conforter la jouissance que nous devons éprouver, puisque, même en étant éclatés, nous n'ignorons pas que nous pratiquons des rituels très anciens. C'est même l'idée de pratiquer de tels rituels qui « soude une communauté » capable de jouir de la forme intelligible de sa jouissance. Désormais, la conceptualisation culturelle de tout ce qui est manifestation de la communauté des hommes fait l'objet d'un partage. Nous mettons en commun la fête et son concept. Ce qui donne un sens déterminé et mortifère aux différents modes d'accomplissement de l'instinct grégaire. Le mot « tribu », par son usage intempestif, a provoqué un marasme sociologique. « Rituel » a subi le même effet de mode. Pareils concepts, dont la fonction est d'assurer la compréhension réflexive des sociétés, sont devenus si coutumiers qu'ils ont réduit ce qu'ils désignaient à des objets de gestion dont l'uniformité conformiste fait de la culture une chose morte. Si de tels mots ne sont pas nouveaux, l'invariance de leur sens finit par avoir une fonction d'archétype et par offrir la présence d'un tronc commun à l'ordre symbolique des sociétés à travers l'histoire.

Pourquoi un mot (tribu, rituel, fête…) serait-il plus vide de sens aujourd'hui qu'hier? Ce qui caractérise l'organisation des sociétés modernes, c'est le haut degré d'objectivation de la réalité qui laisse penser que celle-ci est construite par les mots eux-mêmes, dont la fonction est simultanément analytique et incantatoire. Cette objectivation de la réalité sociale s'est généralisée au point que les membres d'une société moderne sont appelés à prendre leur propre mode d'existence comme objet culturel. L'idéalisation du rôle conceptuel de la fête viendrait de sa capacité à traduire dans la réalité quotidienne ce que peut être le lien social, ce que peuvent être les formes de son objectivation. Si la fonction culturelle octroyée au concept est de rendre universelle la manifestation sociale des représentations, la fête en est un bel exemple. Le contexte d'une réalité sociale qui conduit à généraliser son usage est défini par la métaphore d'un « tissu social déchiré ». La fête assure la reconstitution toujours possible de ce lien. Son pouvoir à créer du consensus en fait le moment privilégié d'unification des représentations. Et la croyance en l'événement qu'elle produit soutient l'illusion de sa perpétuelle nouveauté.

Dans la forme contemporaine de la démocratie, la fête est-elle l'expression privilégiée de la souveraineté des masses ? Puisque la puissance critique de la masse est condamnée à se soumettre aux modèles que lui impose la représentativité politique, la fête cristalliserait le résidu irréductible d'une souveraineté populaire. Celle-ci s'enfermerait dans la réplication contrôlée de sa manifestation festive comme dans le moule d'une jubilation collective obligée. Quand on pense qu'une société se saisit en miroir d'elle-même pour mieux maîtriser son avenir, on croit du même coup que la réflexivité est le signe de cette évolution parce qu'elle permet de toujours mieux conceptualiser la réalité sociale. Or la fête serait ce moment où la masse, dans sa fragmentation en communautés, se saisit en miroir d'elle-même pour jouir de sa souveraineté. Dans ces conditions, la fête répond toujours au sens institutionnel qui lui est octroyé, puisqu'elle accomplit la transcendance des contradictions sociales et politiques au gré de cette réflexivité conquérante. Elle sera toujours la bienvenue parce que, faisant figure d'événement prévu ou imprévu, elle se présente comme l'aventure de la communauté.

Est-ce alors une pure illusion de croire que la fête serait une manifestation singulière de l'essence de la communauté ? Philosophes et sociologues ont recours à une véritable taxinomie de concepts pour désigner ce qu'ils estiment être cette essence : « l'être-avec », « l'être-ensemble », « la co-existence »... Cette ontologie de la forme communautaire, qui implique un vocabulaire dont la manipulation subtile provoque un perpétuel « effet de transcendance », est devenue une garantie certifiée conforme de la compréhension de tout ce que représente, dans la vie sociale, « l'esprit communautaire ». Cette richesse conceptuelle inépuisable, qui permet bien des acrobaties intellectuelles, semble confirmer combien, dans toute manifestation qui engage la communauté, se pose l'éternelle question du « nous ». Selon certains philosophes, le nous, nous ne serions pas en mesure de le penser en tant que nous [1]. Sociologues et anthropologues se contenteraient de produire un discours spéculatif qui ne ferait que redoubler l'extraordinaire capacité spectaculaire des sociétés modernes. La philosophie prétendrait, de son côté, interroger la « compréhension préontologique » à l'œuvre dans la comparution du nous, ce qui lui vaudrait de maintenir sa place prestigieuse hors du processus usuel de la réflexivité. De ce point de vue, la sociologie ne développerait qu'une ontologie de pacotille en usant d'une conceptualisation galvaudée, empruntée à la philosophie. Ce qui prévaut en dernière instance, c'est la réflexion que la fête met en scène comme une qualité ostensible de l'être-ensemble.

Il y aurait donc autant de complaisance intellectuelle dans l'analyse contemporaine de l'être-ensemble que d'autosatisfaction publique dans l'obligation consensuelle à faire la fête.

D'une manière générale, l'analyse théorique contemporaine, même si elle s'en défend, légitime les représentations les plus usuelles du

1. Être singulier pluriel, *Jean-Luc Nancy, Galilée, Paris, 1996.*

« sens de la communauté », de la « société du spectacle », comme si elle traitait leur essentialité. Soit elle travaille « à la superficie » en parlant de rituels et de tribus, soit elle œuvre « en profondeur » en développant un discours ontologique. Dans un cas comme dans l'autre, elle redouble, dans la superficialité ou dans l'essentialité, les dispositifs de représentation culturelle qui réfléchissent l'émergence des manifestations communautaires. La question de leur compréhension préontologique ne peut se séparer d'un tel contexte de la spécularité. Sauf à continuer de croire que l'ontologie reste une porte de sortie quand la société du spectacle atteint son plus haut degré de perfectionnement dans la pure réflexivité.

Henri-Pierre Jeudy a notamment publié
Les Usages sociaux de l'art, Paris, Circé, 1999.

Quelques mois après sa réélection au fauteuil de la présidence, François Mitterrand inaugure avec faste et emphase la pyramide du Louvre, l'un des premiers des grands travaux de sa présidence et l'un des chantiers les plus précoces de son septennat précédent. Il lance ainsi la vague des célébrations républicaines qui peupleront la première partie de son second septennat. Cette invitation dans les méandres du Louvre est l'occasion pour l'esthète classique aux humanités accomplies de déflorer l'intime et la substance du Président bâtisseur. C'en est fini des échos un peu pompeux des discours de légitimation de 1981 (« l'ombre et la lumière »). Il suffit de faire briller les joyaux de la nation et de s'inscrire avec sérénité dans le continuum de l'histoire.

François Mitterrand

« Mesdames et messieurs… »

Allocution prononcée à l'occasion de l'inauguration de la pyramide du Louvre, Paris, le 14 octobre 1988. Extraits.

« Mesdames et messieurs,

Vous êtes venus comme beaucoup d'autres Parisiens voir enfin la pyramide, ses alentours, la manière dont elle s'imbrique à l'ensemble du paysage monumental du palais du Louvre, lequel palais du Louvre a lui-même été musée et a connu des fortunes diverses. Vous savez qu'initialement il y avait, d'un côté, le château fort dont nous venons de visiter les fondations et qui, à travers les temps, de Philippe Auguste à Charles V et François Ier, a été considérablement modifié ; et puis, à partir de Catherine de Médicis, le palais des Tuileries, que nous n'avons pas connu mais dont nous savons beaucoup de choses puisqu'il n'a été détruit qu'à partir de 1871.
Et le Louvre, tel qu'on le voit autour de la cour Napoléon, celle sous laquelle nous sommes, a connu des transformations architecturales considérables sous le second Empire et sous la IIIe République, avec, je crois, les mêmes architectes. Le problème était de savoir, dès lors qu'il s'agissait de faciliter l'accès du musée, comment s'y prendre. Car tout cela a une signification pratique. L'idée n'est pas venue gratuitement de construire une pyramide dans la cour Napoléon. Il fallait rendre le musée à la fois plus confortable et plus accessible pour les visiteurs et aussi mieux conçu pour la présentation des œuvres. *[…]*

Il convenait d'accéder au Grand Louvre, la notion de Grand Louvre étant associée au départ du ministère des Finances, qui, comme vous le savez, occupait et occupe encore une large part des salles qui pourraient être destinées au musée. Ce Grand Louvre, comment y entrer ? En supposant que des foules beaucoup plus nombreuses que celles d'aujourd'hui s'y rendent, l'idée est venue aux hommes de l'art, aux spécialistes, qu'il convenait d'y pénétrer à partir d'un point central, ce point central se trouvant situé dans la cour Napoléon.
Par en dessous, on n'imaginait pas les superstructures multiples allant vers les différents endroits du musée, donc en sous-sol. Mais un sous-sol organisé comme on le fait le plus souvent pour faciliter simplement l'accès, cela aurait pu être une station de métro, une immense station de métro avec un plafond bas, l'impression d'étouffer. On ne pouvait guère descendre au-dessous de sept mètres, car le lit du fleuve proche ne permettait pas de dépasser cette profondeur, à neuf mètres le sol devenant impraticable.
Et c'est là qu'a surgi l'idée d'ouvrir ce souterrain à l'air libre, à l'espace, à la lumière. Plusieurs hypothèses : comment s'y prendre ? Un dôme, tout a été examiné, et finalement l'architecte choisi et auquel nous devons cette œuvre d'art, M. Pei, a proposé cette pyramide que vous voyez aujourd'hui. Non seulement cette pyramide, mais tout l'environnement de cette figure géométrique, environnement que rendent nécessaires la pauvreté et je dirais presque l'état de dénuement dans lequel se trouvait cette cour Napoléon.
Un square désolant, un parking en désordre et, dès que tombait la nuit, presque un coupe-gorge. En bref, aucun Parisien ne se hasardait, sauf obligation impérieuse, à traverser cette cour dès que le soir tombait. Et, de jour, ce n'était guère plus facile en raison de l'obstruction des voitures. Bref, je le répète, du désordre général. Vous voyez aujourd'hui le spectacle. Une cour dont je lisais dans un document qui m'était fourni hier qu'au total elle représentera deux fois et

demie la superficie de la place Saint-Marc à Venise. Vous voyez comme se sont organisées les formes autour d'une esthétique vivant par la lumière, par les miroitements de l'eau, par les jets d'eau. *[...]*

Vous êtes donc là devant le premier élément d'une reconstruction, d'une nouvelle conception du musée du Louvre, devenu le Grand Louvre, tandis qu'au moment même où nous engagions ces travaux nous avons naturellement pensé à réorganiser ou à revisiter – et quand je dis revisiter j'exagère –, à ouvrir pour la première fois depuis des siècles certains éléments de ce qui fut l'histoire de France. D'où les fouilles de la cour Carrée, la base du château fort et de la tour du Louvre, Philippe Auguste et la suite. Lorsque l'on passe de l'un à l'autre, on ne peut qu'être frappé par une impression de l'histoire de notre pays, une impression de gravité en même temps que d'émerveillement devant les moyens modernes qui nous ont permis de révéler ces beautés, cette histoire.
Il ne faut pas oublier que la cour Napoléon était autrefois, il n'y a pas si longtemps, habitée. C'était Paris, c'était la ville. Le château fort et le palais des Tuileries n'étaient pas reliés. C'étaient deux événements architecturaux complètement indépendants l'un de l'autre. Le château fort, l'origine, la monarchie, très bien ; le palais des Tuileries, une reine italienne Catherine de Médicis, qui cherche plus de beauté, plus de confort, et qui dessine un palais à l'italienne. J'ai commis des erreurs, les grands spécialistes ici à l'esprit extrêmement aigu et critique feront bientôt les corrections nécessaires, mais, en gros, ce que je vous dis là doit être exact. Naturellement, elle a dessiné un jardin. Un jardin à l'italienne, bien dessiné, avec un axe. Cet axe, c'était la porte du palais des Tuileries, et c'est ainsi que s'est esquissée la perspective que l'on admire beaucoup toujours, celle de la Concorde, des Tuileries, des Champs-Élysées, les arcs de triomphe, jusqu'à la future, l'actuelle arche de La Défense. Et cela pourrait continuer, si

les générations futures s'en occupent, jusqu'à la terrasse de Saint-Germain-en-Laye.

Donc, tout cela représente une très grande conception, dont on aperçoit les premiers éléments dès le XVIIe siècle, à une époque où les Champs-Élysées étaient surtout consacrés, je crois, à la culture maraîchère. Donc, il y a des hommes qui ont vu grand, dès le point de départ.
La cour Napoléon, là, au-dessus de nous, c'était la ville. Lorsque l'on a creusé, et on a creusé profond, on a découvert également toutes les fondations de la ville qui se trouvaient dessinées sur le terrain. Des rues, des maisons, des hôtels, des églises, des commerces, qui étaient ininterrompus, jusqu'au jour où, peu à peu, l'idée est venue de relier le palais des Tuileries et le vieux château fort. Et je crois que l'idée initiale de ce lien a été un réflexe de sécurité. Les rois étaient mieux aux Tuileries, mais l'asile était plus sûr au château fort. Je crois que c'est Henri IV qui a commencé la galerie du bord de l'eau, qui était tout simplement le moyen de communiquer entre le palais et le château fort.
Nous en connaissons les images, nous en supposons la beauté. Et, peu à peu, l'idée s'est accomplie. Des deux côtés, on a réuni les deux constructions, dans lesquelles se trouvaient enserrés, en somme, tous les emblèmes et tous les symboles de la monarchie. Déjà, il y a très longtemps, de l'autre côté du palais des Tuileries, c'est-à-dire à l'intérieur de la cour Napoléon, on avait organisé des carrousels, une grande manifestation, une grande fête, puis tout cela a été fermé un jour. On a construit les arcs de triomphe, l'un là-bas, au haut de ce que l'on appelle les Champs-Élysées, et l'autre à l'intérieur, qui se trouve admirablement dans le même axe. Tout simplement parce que, enfin je crois que l'explication est juste, l'un et l'autre, celui de l'extérieur, à l'Étoile, et celui de l'intérieur, le Carrousel, ont été pla-

cés exactement dans l'axe des portes centrales du palais des Tuileries, mais ils ne se voyaient pas l'un l'autre. De telle sorte qu'il a fallu, acte pas forcément plus heureux, détruire le palais des Tuileries pour que l'on découvre cette perspective que le palais lui-même brisait. *[...]*

Grande discussion lorsque l'on a voulu faire la pyramide. Est-ce que la pyramide ne va pas saccager cette perspective, cette fameuse perspective ? Et j'ai lu des articles très savants qui expliquaient qu'en effet la perspective était broyée. Or l'axe du Louvre et de la cour Napoléon n'est pas l'axe des Champs-Élysées, à cause de la courbure du sol et en même temps de l'absence de prévision, d'urbanisme. Entre le château fort et le palais des Tuileries, entre le dessin admirable des jardins de Catherine de Médicis et la distribution des deux portes centrales du palais et le fort, là-bas, du château de la cour Carrée, ce n'est pas le même axe, et la pyramide où nous sommes n'est pas dans l'axe des Champs-Élysées. Elle ne gêne aucunement, pour peu qu'on puisse la voir. L'axe s'apercevra mieux encore puisqu'il y aura, il y a déjà, un point qui le marquera : c'est ce socle que vous avez dû apercevoir sur lequel sera juchée une statue du Bernin. Et on voit très bien que l'axe, si l'on regarde vers le fond, c'est-à-dire vers le pavillon Sully, va presque entre le pavillon Sully lui-même et l'angle droit du palais du Louvre, bien qu'il n'y ait pas de contradiction, il y a complément.
Par rapport à l'œuvre des siècles, on ne doit jamais être choqué de ce que chaque siècle apporte, ses modes, ses styles, ses architectures. Il faut simplement éviter que cela ne soit la cause d'un désastre pour l'œil.

Mais ce que vous avez devant vous, dans la cour Napoléon, ce que l'on voit, c'est, je le répète, l'œuvre essentiellement de Napoléon III et de la IIIe République, essentiellement.

Quand on m'expliquait que nous avions mis à bas l'œuvre de Charles V, enfin j'ai vu cela dans les articles dits sérieux, il y avait de quoi étonner. Est-ce que le travail de Napoléon III et des architectes de la IIIe République a été si désastreux ? Je ne le crois pas, puisque l'opinion publique reconnaît devant le Louvre l'un des lieux dominants de l'architecture française. Mais, enfin, un caractère sacré n'empêche pas d'imaginer qu'au siècle suivant on puisse faire quelque chose d'autre. C'est ce qui a été fait avec la pyramide, dont la hauteur et les dimensions ont été calculées de telle sorte qu'elle n'offense pas l'harmonie générale. Je crois que la hauteur est de quelque 20 mètres, que la base de chaque côté est de quelque 30 ou 32 mètres. Les proportions sont celles rapportées, naturellement réduites, de la pyramide de Guizèh. Quand on arrive comme vont le faire maintenant les Parisiens, puisque c'est ouvert depuis ce matin, et je vous remercie d'avoir bien voulu participer à cette inauguration, désormais l'accès est libre, pas de l'intérieur, mais de l'extérieur, de la place. On s'apercevra de ce qu'a donné notre XXe siècle finissant par la patte magique d'un grand architecte, Pei Ieoh Ming, lui-même d'origine chinoise et de nationalité américaine, associé à des architectes français, au conservateur français, amoureux de leur art et respectueux des œuvres. Tout cela s'est déroulé en harmonie avec une exécution, par les entreprises, de grande qualité.
Si vous voulez bien observer l'alliage des bétons coffrés dans du pin d'Oregon, la blancheur du béton comparée à la pierre de Bourgogne, venue de deux lieux de Bourgogne, assortis sur le sol et sur les murs, vous verrez avec quel soin extrême, et quel souci de notre histoire, l'ensemble de ces ouvrages a été ordonné.
On peut dire que ce qui a été ici reconquis représente une avancée très importante pour l'ensemble du patrimoine français. La rénovation de ce qui existait, la découverte de ce que nous ne connais-

sions pas, l'harmonie entre les différents éléments en question, maintenant cette pyramide qui va s'inscrire, un peu à la manière des monuments de Paris, dans un paysage extérieur sans doute de la ville mais intérieur aux Français. Chaque Français saura que sa ville capitale, en plus des monuments fameux qui jalonnent cette histoire, dispose ici, dans un lieu historiquement sacré, d'un élément, d'une construction supplémentaire, qui a cherché à répondre à tous les besoins et aux exigences de l'esthétique. *[...]*
Je vous remercie. Je crois que nous venons de prendre part à un moment important de notre histoire, tout simplement. »

Le programme architectural du Président aura déchaîné les passions, et rien de plus probant que les grands travaux pour manifester, selon certains, la tendance monarchique du régime, si ce n'est de l'homme, qui s'intronise, le temps d'une inauguration de prestige, grand dépositaire du sens de l'histoire de France. Dominique Perrault connut l'œil du cyclone comme celui du Président. Architecte de la Bibliothèque nationale de France inaugurée en 1995 puis devenue Bibliothèque François-Mitterrand, il traversa le tumulte, aux première loges. Mais, au-delà du tumulte, de cet écran médiatique éclatant, quelle fut la pleine réalité de cette rencontre entre l'architecte et le « prince commanditaire » ? Et, au-delà des clichés, et notamment de l'idée de travaux « pharaoniques », comment aborde-t-il ces gestes de pierre d'une dimension si particulière ? Au plus proche de ses souvenirs sensibles, et au-delà de quelques images d'Épinal, l'architecte nous rend compte des visions qui résident au fondement de cet ouvrage emblématique.

Dominique Perrault

La mer et les vagues

Entretien, 28 septembre 2004.

Culture Publique : Qu'entend l'architecte, à la place qui est la sienne, de la parole du Président commanditaire, en l'occurrence lors de la commande de la Bibliothèque nationale de France ?

Dominique Perrault : Les choses étaient assez simples et légalistes, cette commande s'inscrivant dans une procédure de concours public. François Mitterrand a donné une ampleur inespérée à la commande publique française, sans laquelle, jamais, je n'aurais pu construire la Bibliothèque dans les délais et en dessous du prix plafond. Lors de la construction de celle-ci, la maîtrise d'ouvrage publique avait déjà développé des grands projets. Un véritable savoir-faire avait été accumulé. J'ai donc bénéficié d'une maîtrise d'ouvrage d'excellence pour la construction du bâtiment. Les difficultés étaient liées à la gestion de l'établissement public en charge de la Bibliothèque. L'État français est absolument remarquable pour investir et pour construire, il l'est moins pour la mise en place d'un établissement avec les embauches, les prévisions, l'organisation au quotidien. Cela est lié au mode de fonctionnement de celui-ci, au-delà du cas de la Bibliothèque. Il aura fallu attendre l'arrivée de Jean-Noël Jeanneney, l'actuel président de la Bibliothèque nationale de France, pour trouver un esprit de présidence, je dirai, non seulement au sens du port du titre, mais surtout de la vision et de l'intérêt porté à la chose.

C. P. : En amont de ce décalage dont vous parlez, il semble que, en tant qu'architecte, vous avez un peu souffert d'un manque de définition du projet dans son contenu. Une note de Jack Lang à Mitterrand l'évoque : le ministre insiste pour que le projet soit davantage défini. Est-ce une réalité ?

D. P. : Non, je n'ai souffert de rien. Ce sont plutôt les lecteurs qui ont souffert. Le problème ne concerne pas le fonctionnement général du bâtiment. Ce qui a été nuisible à la qualité du projet est de l'ordre d'un hiatus. Le maître d'ouvrage d'un côté, c'est-à-dire l'établissement public constructeur de la Bibliothèque nationale, en les personnes de Serge Goldberg, son directeur, et Dominique Jamet, son président, avait une vision très équilibrée entre la partie conservation et la partie communication. Ils souhaitaient avoir un restaurant, un café, une librairie, des espaces d'expositions... Mais toute cette partie a été sans arrêt condamnée par Emmanuel Leroy-Ladurie, administrateur général de la bibliothèque Richelieu. Ce dernier ne s'intéressait pas aux lecteurs, mais à un certain « club de lecteurs », de grande qualité certes, mais appartenant à une élite, donc minoritaire. Cette dichotomie a finalement conduit à la livraison d'un bâtiment de premier ordre en tant que lieu de conservation des ouvrages, avec des possibilités de réserve pour l'avenir non négligeables, puisque près de 150 kilomètres d'étagères sont aujourd'hui occupés, alors que 450 sont encore disponibles. En revanche, ce projet commence à peine à présenter un visage humain, dans la mesure où l'on trouve désormais des endroits où l'on peut fumer une cigarette, prendre un café ou acheter un livre. François Stasse, le précédent directeur général, a beaucoup souffert à son arrivée. Il a dû affronter l'ouverture au public pour laquelle rien n'avait été préparé. Cela est lié au fait qu'il n'y avait pas de projet d'établissement, au sens administratif du terme, et notamment pas de projet pour les 2000 ou 2500 membres du personnel. Rien n'avait été préparé pour leur dire comment fonctionnait cet établissement et comment il allait s'améliorer. Avec beaucoup de courage, François Stasse a développé un projet d'établissement permettant peu à peu de donner du sens à l'ensemble. Cette situation absurde et regrettable a des conséquences également sur l'environnement urbain. L'esplanade est un espace qui appartient à l'État, mais c'est la Bibliothèque qui doit l'entretenir; or elle n'a pas vocation à entretenir un espace public. Depuis longtemps, une convention a été signée entre Beaubourg et la ville de Paris pour entretenir la piazza. Pour la Bibliothèque, aucune convention de la sorte n'existe. Il n'y a donc pas d'aménagement public. Et, pour parfaire le tout, l'État a abandonné le triangle à l'arrière de l'esplanade où Marin Karmitz s'est engouffré pour y construire un MK2. Cet espace public était dédié aux relations avec le quartier. C'est triste, mais l'avenir de la Bibliothèque est long, rien n'est perdu.

C. P.: Vous nous parlez là de la maîtrise d'ouvrage et de la définition technique du projet. Cependant, ce projet prend corps à partir d'une rencontre pour le moins mythique entre l'architecte et le prince commanditaire. Donc, au-delà du cahier des charges, un souffle particulier anime-t-il le projet?

D. P.: Bien sûr! C'est une commande exceptionnelle! Une bibliothèque nationale est un bâtiment qui ne se construit que tous les deux siècles. Peut-être même que l'on n'en construira plus, que c'est le dernier édifice du genre: dans deux cents ans, on peut imaginer qu'une bibliothèque sera d'un autre type. Mais, ce qui rend surtout ce projet exceptionnel, c'est qu'il résulte de la volonté d'un Président de laisser de son passage des traces qui lui parlent. Or les traces chères à François Mitterrand étaient des bâtiments culturels.

C. P.: Mais, dans la définition même de votre dessin architectural, qu'y a-t-il de la traduction de ce souffle, du dessein présidentiel, de l'esprit de présidence ?

D. P. : L'élément déterminant dans le choix de François Mitterrand a été la présence du jardin. La première fois que je l'ai rencontré, lorsque le choix avait été fait et qu'il m'a convoqué à l'Élysée, il m'a dit d'abandonner l'idée des passerelles qui devaient s'élever au-dessus des arbres, me disant que le jardin est un élément sacré, un lieu de calme et de méditation. J'ai donc effacé les passerelles du projet, bien qu'elles participaient à l'origine d'un mouvement brownien que je souhaitais pour le niveau de la lecture publique, mouvement se distinguant de quelque chose de plus introverti pour la partie recherche.

C. P. : Donc, le souffle du Président commanditaire n'aurait eu pour seule conséquence que l'abandon du projet des passerelles ?

D. P. : Non ! Cet homme avait vraiment du souffle, et la question des passerelles est marginale. Au-delà des livres, il voyait dans la Bibliothèque un lieu d'étude, un lieu où l'on peut travailler ensemble, partager, rêver, méditer. Sa question n'a cessé d'être celle-là. Il est très souvent venu à l'atelier pour discuter et faire valoir son idée d'un lieu d'étude. La question des passerelles est seulement représentative : elles étaient ludiques, spectaculaires, et n'avaient pas grand-chose à voir avec cette recherche d'un lieu d'étude. Il était intéressé par cette idée de pouvoir lire face à un morceau de nature, de se sentir dans un bâtiment mystique. Il était ainsi très sensible au dessin proche de celui d'une abbaye, dessin relevant de la raison pure, géométrique. Mais il m'a surpris dans l'intérêt qu'il portait aux matériaux utilisés, il montrait à ce sujet une extrême sensibilité.

C. P. : D'aucuns témoignent que les Présidents successifs manifestaient une juvénile fascination à l'égard des maquettes, à l'instar de l'enfant face à son jouet. Cette idée dit-elle à vos yeux quelque

chose de fort de la relation de François Mitterrand avec l'objet architectural ? Témoigne-t-elle de son attitude lorsqu'il vient vous rendre visite dans votre atelier ?
D. P. : Ce que j'ai connu de lui comme « émerveillement enfantin », si l'on peut dire, c'est le plaisir du touché. Les matières l'intéressaient au plus haut point. Nous avons eu de longues discussions sur le bois ou sur les couleurs. Cela est très cohérent au regard de son désir de construire un lieu d'étude. Il avait donc un contact direct avec l'objet. Cela montre l'ampleur de cet homme, aussi brillant que passionné par le plaisir des choses, par le rapport sensuel à la matière. Les maquettes l'intéressaient comme tout le monde : c'est le document le plus parlant pour qui que ce soit. En cela, il ne dérogeait pas à la règle. Mais je dois dire que les moments où il était le plus actif, c'est lorsque se posait la question des matériaux, du choix et de l'installation des arbres.

C. P. : Implantation des arbres qui relevait de l'expérience risquée…
D. P. : Oui, et c'est avec courage que nous avons tenté celle-ci. C'est la spécificité des grands travaux que de permettre ce genre d'expérimentation d'envergure. Mais, sur ce point, François Mitterrand a donné son accord et sa confiance entière en dépit des critiques. D'ailleurs, il avait toujours une phrase au sujet de ce qui pouvait se dire et s'écrire contre le projet. Il me répétait qu'il y avait « la mer et les vagues », c'est-à-dire le remous passager et compulsif d'un côté et, de l'autre, la profondeur, ce qui demeure. Telle était sa vision de la Bibliothèque.

C. P. : Bien que le débat fit rage et mit en cause le bon déroulement du projet.
D. P. : François Mitterrand n'avait rien contre les élites qui se dressaient contre le projet, mais il voulait un édifice aux ambitions beau-

coup plus vastes. Il faut dire que nos amis de la bibliothèque Richelieu, depuis des décennies, s'étaient peu à peu vus comme les propriétaires du patrimoine. Toute la polémique était là. La contradiction était patente : ils avaient absolument besoin d'une nouvelle bibliothèque, mais le Président était allé au-delà de leurs espérances en déclarant, ce fameux 14 juillet 1988, que son prochain grand projet pour la nation serait une bibliothèque nationale. Les chercheurs de Richelieu n'étaient alors plus propriétaires, mais seulement chercheurs. En outre, Richelieu proposait 400 places d'étude, il y en a aujourd'hui 1 400. La moyenne d'âge a chuté de vingt ans, et les étrangers reviennent. C'était donc une nécessité, ce n'était pas délirant d'imaginer un projet d'une telle envergure à l'encontre de ce que défendait le personnel de Richelieu. À ses yeux, la Bibliothèque lui était due. À ce sujet, je ne sais, par exemple, toujours pas où sont stockés les livres. J'avais demandé à Emmanuel Leroy-Ladurie les plans d'installation. En vain. Je sais où peuvent être les livres, mais je ne sais pas où ils sont ! Cela montre la relation qu'entretiennent les gens de Richelieu avec les collections : il s'agit de leur propriété. Quelques années plus tard, j'ai eu la chance de construire une médiathèque à Vénissieux. Voilà des personnes qui, pendant vingt ans, se sont battues pour faire du bâti culturel dans leur ville, une équipe de bibliothécaires qui s'est battue pour obtenir des budgets. Cette équipe se trouve, dans ses désirs et sa démarche, aux antipodes des élites de Richelieu. À Vénissieux, l'équipe est allée chercher son dû, elle s'est battue pour obtenir l'édification d'un bâtiment culturel. Celle de Richelieu considérait que l'édifice lui était dû : on lui devait la Bibliothèque nationale.

C. P. : Vous dites que Mitterrand va au-delà des espérances premières et ne répond pas en technocrate. Il fait donc valoir un dessein et une vision qui lui sont propres et répond ainsi, en tant qu'architecte.

D. P. : Oui, il a un dessein qu'il traduit en architecture mais que d'autres peuvent traduire en force militaire, en développement social ou sportif, etc.

C. P. : S'il est effectivement partie prenante du dessein architectural en ceci qu'il produit sa vision dans l'architecture, dans quelle mesure les grands travaux sont-ils des déclinaisons des uns des autres manifestant chacun l'éclat d'une vision, d'une « esthétique mitterrandienne » ?

D. P. : Les projets auxquels François Mitterrand s'est particulièrement attaché sont au nombre de trois : la pyramide du Louvre, l'arche de La Défense et la Bibliothèque nationale. Ces trois projets, qu'il a personnellement suivis, ont engendré des formes élémentaires, immobiles, silencieuses, universelles, ne donnant pas prise au temps. La Pyramide a une forme mythique, qui n'a pas d'âge, et je pense que cet aspect était important aux yeux de François Mitterrand. L'Arche est un peu plus complexe : elle n'est pas très bien orientée par rapport à l'axe, elle n'est pas vraiment un portique, le ciel entre dedans ; elle participe d'une certaine modernité, mais c'est une forme pure. La Bibliothèque est beaucoup plus abstraite. D'ailleurs, la métaphore des livres ouverts fut bien pratique : la presse s'est engouffrée dedans, faisant ainsi une campagne de communication fantastique ! Finalement, cette image me convient très bien, parce que c'est une façon de s'approprier le bâtiment ; c'est, pour certains, une clé permettant d'accéder à cette architecture. Mais l'histoire de ces quatre angles est tout autre. Lorsque j'ai commencé à travailler, j'ai dessiné en pâte à modeler le volume du bâtiment qu'il fallait construire, c'est-à-dire trois fois Beaubourg mis bout à bout ! Alors, physiquement, j'ai enfoncé ce pain de pâte à modeler d'une dimension de boîte à chaussures, et j'en ai gardé la trace par les quatre angles qui définissaient le parallélépipède. C'était un soulagement, je me sentais respirer. L'idée vient de là. En faisant disparaître la boîte à chaussures, j'entrais dans un discours géographique en rupture avec le discours historique qui nourrit l'architecture en général; je passais dans le domaine de la topographie, de l'absence, de l'abstraction.

C. P.: En ce qui concerne ces formes intemporelles et simples qui défient le temps, ce qui convient très bien à Mitterrand, étiez-vous dans la conscience de cela au moment où vous définissiez votre projet?
D. P.: Oui et non. Quand on voit l'hôtel industriel ou l'école de Marne-la-Vallée, projets que j'ai réalisés auparavant, on comprend la genèse de la Bibliothèque. Il n'y a donc pas allégeance. Et, honnêtement, j'ai été très étonné que François Mitterrand soit intéressé par ce projet abstrait, qui n'était ni une pyramide, ni une arche, ni une sphère, ni une forme géométrique issue de la philosophie des Lumières. Je pense aussi que le fait qu'il n'y avait rien autour a été déterminant. C'était le seul des grands travaux pensé comme un acte fondateur sur un territoire en déshérence. L'Arche se trouve dans un axe historique, la Pyramide dans la cour du Louvre, l'opéra sur la place de la Bastille, et l'Institut du monde arabe en relation avec Notre-Dame. Pour la Bibliothèque, il ne s'agit pas d'un endroit référencé par rapport au Paris historique.

C. P.: Quand vous dites que Mitterrand vous a étonné, est-ce à dire que vous aviez l'image d'un Mitterrand très classique en matière de goût pour l'architecture?
D. P.: Je pense qu'il avait une vision de grandeur de l'architecture, mais une vision que je qualifierai d'historique, non pas traditionnelle petit-bourgeois, mais une vision d'édifice qui dégage une grandeur, vision qu'il avait de sa fonction d'ailleurs. La Bibliothèque, comme

les autres bâtiments dont on a parlé, est également un édifice très classique au sens pur du classicisme, c'est-à-dire célébrant la géométrie, la rigueur, l'équilibre, la proportion, la symétrie, l'intemporalité. Pour moi, François Mitterrand était un homme très mystique, et la Bibliothèque est à mon sens un bâtiment très mystique.

C. P. : La Grande Bibliothèque résulte donc de la rencontre de deux sensibilités. Mais, au fond, Mitterrand ne jalousait-il pas votre métier d'architecte ?
D. P. : Pas du tout. Son souci était que cela soit construit et irréversible. C'était d'ailleurs le leitmotiv d'Émile Biasini, secrétaire d'État aux Grands Travaux, de façon que la Bibliothèque voulue par François Mitterrand soit édifiée.

C. P. : En avril 1995, Bernard Pivot invite François Mitterrand pour un « Bouillon de culture » resté dans les annales. Ils conversent au sujet de la Bibliothèque. Pivot dit : « On n'a jamais vu des tours monter aussi vite, peut-être avez-vous craint que la cohabitation... » ; Mitterrand : « Oui, j'ai mis le paquet... » ; Pivot : « Oui vous avez mis le paquet : tous les huit jours elles avaient gagné dix mètres » ; Mitterrand : « Parce que je n'étais pas très sûr qu'elles ne perdraient pas dix mètres par jour après. »
D. P. : En effet, mais un étage par jour c'est le rythme absolument traditionnel de l'élévation d'une tour, dans quelque partie du monde que ce soit. En outre, la rapidité fut en l'occurrence synonyme d'économies : c'est un bâtiment que nous avons construit pour dix mille francs du mètre carré, chose impossible s'il n'y avait pas eu un rythme permettant une économie d'échelle, une économie d'organisation de chantier. Enfin, François Mitterrand avait l'intime conscience que, tant qu'il était là, c'étaient les riches heures de la Bibliothèque : il en était le garant. Il fallait donc aller vite.

Il en était préoccupé en permanence, et c'est sans doute pour cela qu'il venait si souvent voir le projet avancer, pour mesurer l'irréversibilité de la construction. Et personne n'est finalement parvenu à ce que la Bibliothèque ne se construise pas.

C. P. : La mer et les vagues.
D. P. : Exactement.

C. P. : Au-delà de la polémique maintenant enterrée, est-ce une entrée pertinente de poser la question des « visibles manifestes » lorsqu'on s'interroge sur la Bibliothèque ? Autrement dit, les grands bâtis ne sont-ils pas aussi des emblèmes qui invitent à autre chose qu'à la pratique de l'espace, qui portent témoignage pour un au-delà du temps et de l'espace de cette pratique ?
D. P. : Oui, bien sûr. Il y a forcément une dimension d'icône, de totem. Ces grands ensembles culturels sont aussi des actes fondateurs. C'est grâce et au travers de ces marques que se développent des quartiers, que se recomposent des villes. D'un point de vue psychanalytique, ce sont aussi des bâtis qui ont des capacités à transgresser, à libérer. Leur présence transfigure des territoires. Mais je trouve également jubilatoire la possibilité d'en jouir physiquement. Au-delà de l'emblème, l'architecture est une chose physique. Cette expérience me permet d'aimer la ville. Je cite souvent cette phrase de Francis Bacon : « L'émotion la plus forte c'est celle qui atteint le cerveau sans passer par l'intellect. » Pour moi, c'est la définition même de l'architecture dans sa perception. Enfin, une certaine dimension éthique est fondamentale. Lorsque Haussmann mettait en œuvre son entreprise, tout un espace public s'élaborait, certes fait pour contrôler, mais participant aussi de la fonction du quotidien. C'est le minimum que l'on puisse attendre en tant que citoyen : un bâtiment que je puisse traverser,

regarder, sentir… La dimension urbaine d'un bâtiment public n'est donc pas seulement dans sa valeur emblématique, mais surtout dans sa capacité à offrir un lieu public.

I. radiographie

geste

figures

perspective

archive

TABLE DES MATIÈRES

II. photographie

figures

geste

perspective

archive

Culture Publique, à paraître

Opus 3. *La Modernisation de l'action publique*
avril 2005
En 1981, les nouveaux acteurs du pouvoir diagnostiquent la sclérose de l'action publique en matière culturelle. Celle-ci est alors comprise comme la conséquence et d'une tradition d'aveuglement à l'égard des avant-gardes – caractéristique de la sacro-sainte administration des beaux-arts – et de l'inertie de l'appareil, lourdement administratif et passablement jacobin. Alors que se constituent les cadres de la politique culturelle contemporaine, la rupture se veut catégorielle et administrative…

Opus 4. *La Culture en partage*
juin 2005
Les années 1980 ont démultiplié les projets et les dispositifs de démocratisation culturelle (prix du livre, médiathèques, nombreux labels d'établissements nationaux…). Puis la décentralisation artistique, multiplie les moyens et les foyers de création. Que pouvons-nous dire aujourd'hui des effets réels de cette politique ? Impasses ? Insuffisances ? Effets pervers ? Symptôme d'autres fractures, profondément politiques ?

Culture Publique, déjà paru

Opus 1. *« L'Imagination au pouvoir »*
A l'orée des années 1980, avec l'accession de la gauche au pouvoir et la nomination de Jack Lang au ministère de la Culture, la politique culturelle s'inaugure sous les auspices d'une vision pour le moins emblématique : « L'imagination au pouvoir ». Promesse de rupture qui témoignerait d'une philosophie politique fondatrice d'un regard renouvelé sur les arts et la culture, ce manifeste supporte-t-il les regards rétrospectifs d'aujourd'hui ? Conserve-t-il une actualité, une puissance créatrice de lendemains ?

Culture Publique

Comité éditorial : Jean Marc Adolphe, Philippe Brzezanski, Sébastien Juy, Bruno Tackels, Sébastien Thiery
Conseillers scientifiques : Sébastien Juy, Sébastien Thiery
Coordinateur de la collection : Sébastien Thiery

Graphisme : Jean-Michel Diaz et Costanza della Cananea
Corrections : Valérie Cabridens et Françoise Besseau

Remerciements :
Jeanne-Marie Sens et Hubert Tonka,
Jack Lang, Michelle Kokosowski,
Institut Mémoires de l'édition contemporaine (IMEC),
Olivier Corpet, Laurent Martin, Laure Papin,
Archives de France

POUR RECEVOIR NOS INFORMATIONS,
COMMANDER DES OPUS OU NOUS CONTACTER :
SKITe / Culture Publique,
6 rue Desargues, 75011 Paris (France)
www.mouvement.net/culturepublique
culture-publique@mouvement.net

Achevé d'imprimer sur les presses de l'imprimerie Actis,
146 rue de la Liberté, 59601 Maubeuge (France), en janvier 2005.